ヘッドスピード50m/sを実現する3ステップ理論

李 朋子 著

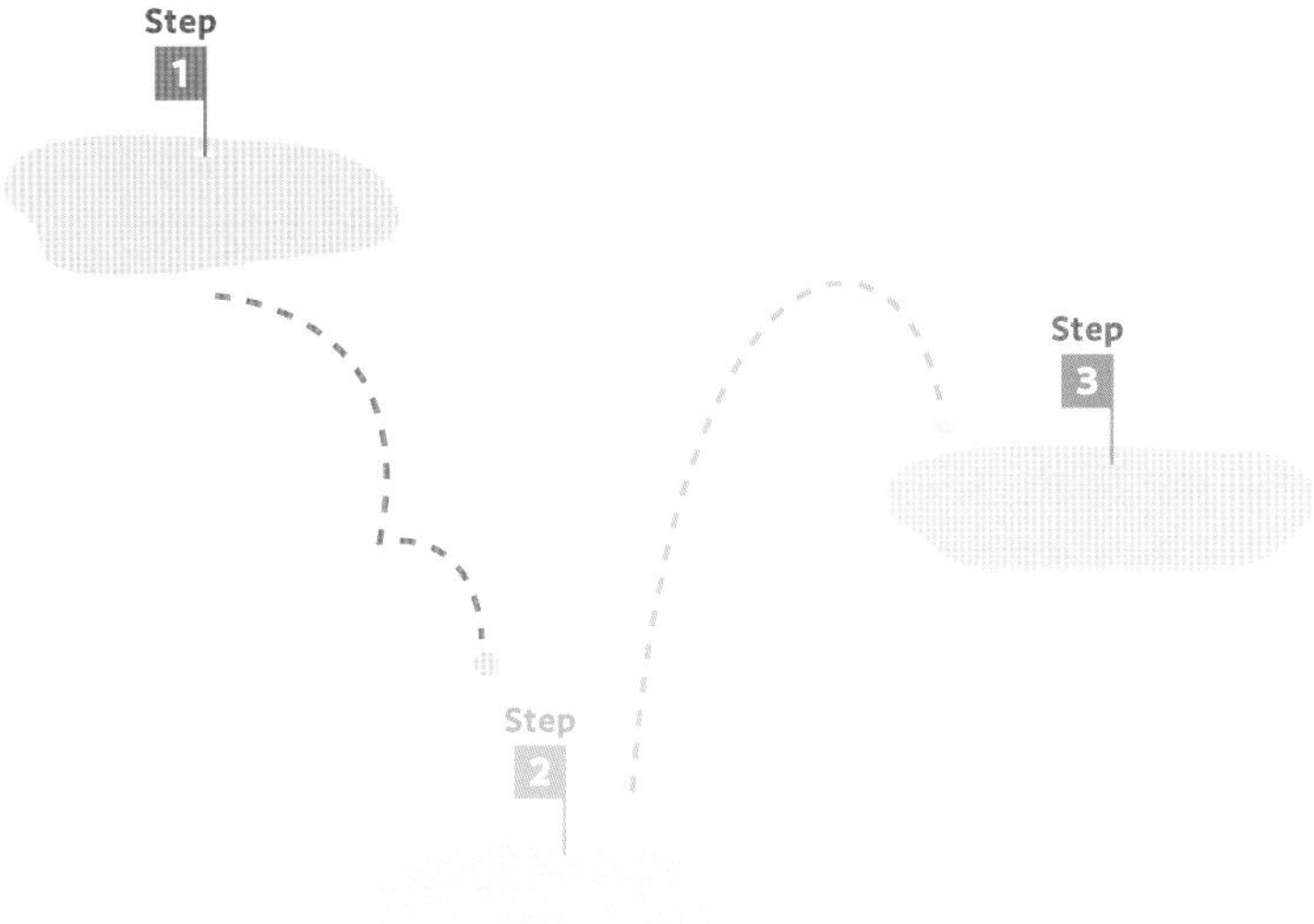

ダブドリ

はじめに

数あるゴルフレッスン本のなかから本書を手に取っていただき、誠にありがとうございます。

本書は私が主宰するＹｏｕＴｕｂｅチャンネル「万振りゴルフ部」とゴルフスクール「万振りゴルフ部ＳＴＵＤＩＯ」のレッスン内容をまとめた、年齢や性別に関係なく簡単に飛距離を伸ばせるノウハウ本です。

皆様は「ＪＰＤＡプロドラコンツアー」というプロスポーツをご存じでしょうか？　ドライバーショットの飛距離と方向性を競うプロスポーツで、現在では全国で開催されるツアー競技になっています。私はそのプロドラコンツアーを転戦するドラコンプロとして活動しています。

元々はアメリカのティーチングライセンス（ＵＳＧＴＦ）を取得しゴルフレッスンを行っていましたが、飛距離アップに関しての説得力を高めるためには「自分自身が飛ばしてみせることが一番」と考え、ＪＰＤＡドラコンプロライセンスも取得し、ドラコンプロになりました。

そして、２０１８年にはプロドラコンツアーのレディースディビジョンで年間ポイントランキング1位を獲得し、ＩｎｓｔａｇｒａｍやＹｏｕＴｕｂｅなどで全国の皆さんに知っていただくことが出来ました。

そんな私ですが、実は最初から飛ばし屋だったわけではありません。学生時代は180ヤード程度しか飛ばない、典型的な「飛ばないゴルファー」でした。独自に研究を重ね、220ヤードくらいまでは飛距離を伸ばすことは出来たものの、ドラコンプロの飛距離には到底およびません。

そこから私がどうやって公式記録300ヤードを超えるドラコンプロになれたのか？

そこには一般社団法人日本プロドラコン協会（ＪＰＤＡ）との出会いがあったのです。

ある日ＪＰＤＡが主催するヘッドスピードアップに特化したレッスンライセンス、「ヘッドスピードトレーナー」の認定講習があることを知り、興味を持ち受講したことがきっかけでした。

そこで感銘を受け、日本プロドラコン協会の会長でありＪＰＤＡメソッドの考案者である松谷伸次プロに弟子入りし、松谷プロのレッスン現場でアシスタントをさせていただくなど、飛距離アップスキルを学んでいったのです。

それにより、自分自身も飛ばし屋に変貌することが出来ましたし、アマチュアゴルファーの皆様を飛ばし屋に変える「飛ばさせ屋」になることも出来ました。

撮影協力：オリムピック・カントリークラブ　レイクつぶらだコース様

２０１８年～２０１９年にはＪＰＤＡ主催の飛距離アップレッスン会のメイン講師を務めさせていただき、その後も協会主催のセミナー講師、ヘッドスピードトレーナーを育成する認定講習の講師などもやらせていただいています。

現在は、独自に飛距離アップ特化型ゴルフスクール「万振りゴルフ部ＳＴＵＤＩＯ」を主宰し、大変ありがたいことに半年先までの新規予約が募集開始１分で満席になるなど、多くのアマチュアゴルファーの方に受講いただけるまでになりました。また、オンライン会員も募集し、動画診断やライブ配信、オンラインレッスンによって全国のアマチュアゴルファーの飛距離アップを実現しています。

本書のステップ１では、ＪＰＤＡで学んだ「ＪＰＤＡメソッド」を中心にヘッドスピードアップについて解説しています。そしてステップ２以降は、世界的ティーチングプロ団体（ＵＳＧＴＦ）で学んだこと、そして私自身がプロとして蓄えてきたノウハウを惜しむことなく書かせていただきました。

なぜ私が受講生のヘッドスピードを短時間で大幅に上げることが出来るのか？

遂に「受講者のヘッドスピードが平均７m/s上がるレッスン」の全貌を明らかにさせていただきます！

ヘッドスピードアップに難しいメソッドは不要です。実はとてもシンプルな内容を徹底的にやっていけば、誰でも簡単に上がるようになります。

歳を取ったから、筋力が少ないからと諦めてしまわずに、一緒に飛距離アップを目指していきましょう！

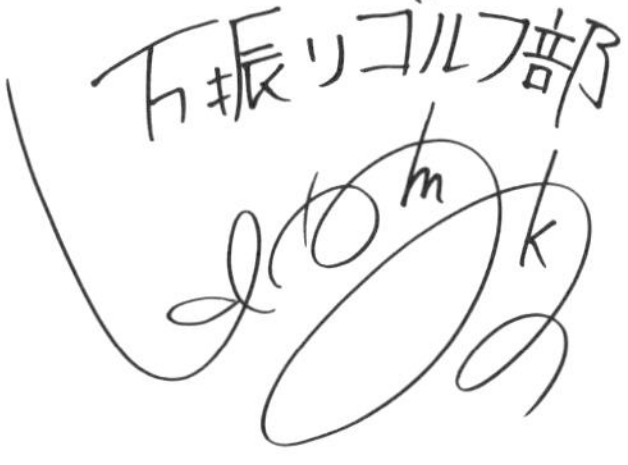

必ずお読みください

「飛んで曲がらないスイング」を作る方法

「万振りゴルフ部」という名前から、とにかく「万振りして飛ばす」ことを推奨しているように誤解されることも多いのですが、私が掲げるゴルフの最終目標は「8割の力で振っても飛ぶ人になること」です。

そのためのステップとして、レッスンを大きく3段階に分け、「飛んで曲がらないスイング」を作っていきます。

本書も実際のレッスンの流れに則し、3段階の構成にしました。まずはこちらをお読みいただき、効率良く「飛んで曲がらない」スイングを構築していきましょう。

動画解説も是非ご覧ください！

3ステップレッスンの流れ

先述したように、私はレッスンを3ステップに分けています。

ステップ1ではとにかく「速く振る」ことを覚える
↓ヘッドスピードを上げていく

ステップ2では初速とミート率を上げる
↓ゴルフスイングをしっかり構築していく

ステップ3では方向性を整える
↓球の曲がる原理を理解して球を操る

という流れです。

「速く振る感覚をつかむ」練習で、軽く振っても飛ぶ人になる

練習場で飛距離アップの練習をする際、ほとんどの方が「ナイスショットが打てる」ことを前提に練習すると思います。例えばスライスやチーピン、チョロが出てしまった時、どんなにヘッドスピードが速く振れていても「そんな練習には意味がない」と考えるはずです。

しかし、私はミスショットが出たとしても速く振る練習は「とても意味のある有意義な練習」だと考えています。

例えば、ヘッドスピード42㎧の方に「38㎧で振ってみてください」と言えば、軽く振っても38㎧で振れるでしょう。世の中には全力で振っても38㎧しか出ない人もいるのに、なぜこの方は軽く振って38㎧が出るのでしょうか？　それは、既に42㎧で振る感覚を知っているからです。

つまり、ヘッドスピード42㎧の方が52㎧で振れるようになれば、今度は軽く振っても48㎧が出るということですね。

こんな話を聞くと「理屈はわかるけど、52㎧で振るなんて無理だ」と考える方もいるでしょう。しかしそれは、52㎧で振れるようになるために「ナイスショットを打ちながらヘッドスピードを上げよう」と考えているからです。

だからこそ、実現することが難しいのです。

実は、52㎧で振る感覚を覚える練習に「ナイスショットを打つ」という条件は必要ありません。チョロが出てしまうかもしれませんし、スライスやチーピンなどのミスショットもあるでしょう。でも、それでいいのです。

この段階においては、極端に言えばゴルフスイングでなくてもいいのです。球の行方やスイングの形も気にする必要はありません。とにかく「ゴルフクラブという『棒』を52㎧で振る感覚」だけ

を覚えられればいいのです。

どんな形であれ52m/sで振れるようになれば、今度は「軽く振っても48m/sが出る人」なっています。

元々が42m/sであれば、今までより6m/s速いスピードで振っているにもかかわらず、本人の感覚では軽く置きにいく感じで振れるので、理想的なスイングも作りやすいですし、ショットの精度も上がります。

なぜ3ステップなのか？

ヘッドスピードは上がったものの、初速が出ない（ミート率が悪い）という経験はありませんか？

初速は、当然ながらフェース面のスイートスポットに当たれば良くなります。しかしそれとは別に、同じヘッドスピードでも効率良く初速が出るスイングと、出ないスイングが存在するのです。


まずはステップ1で速く振る感覚を覚えヘッドスピードを上げてから、次のステップ2で効率良く初速が出せる「ミート率の良いスイング」を構築しましょう。

このステップ2まで出来ればヘッドスピードが速く、ミート率が上がるところまではクリアです。ところが、そのショットの方向性が良いとは限りませんよね。

そこで、ステップ3として球の曲がる原理を把握し、方向性を整える「球を操る練習」をしていきます。

「速く振る練習」「ミート率を上げる練習」「球を操る練習」、実はこの3つの練習はそれぞれ内容がバラバラで、全てを同時に習得するのはとても難しいことなのです。

しかしながら、多くのゴルファーがこれらを同時に習得しようとしています。「二兎を追う者は一兎をも得ず」という言葉がありますが、3つのことを同時にやろうとすれば全てが中途半端になってしまいますよね。

だからこそ、3ステップに分けてひとつずつクリアしていくことが、結果的に「飛んで曲がらないスイングを作る」近道となるのです。

ゴルフの目標は8割で振っても飛ぶ人になること

「万振り」と「8割の力で振る」のでは、どちらが理想のスイングが出来ると思いますか？　全力から2割の余裕がある分、8割で振るほうですよね。スイングも綺麗になりますし、方向性も良くなると思います。

最大飛距離220ヤードの方がいたとして、その方が180ヤードくらいまで飛距離を落として「置きに」いけば、綺麗なスイングで精度も高く打てるかもしれません。

それでも、飛距離を180ヤードまで落として打つ人はいないですよね。なぜなら、どんなにスイング精度が上がったとしても、飛距離180ヤードでは満足出来ないからです。

そこで発想を転換し、最大飛距離を270ヤードまで伸ばしてしまいましょう。そこまで飛ばせるようになれば、置きにいっても240ヤードくらいは出ます。もちろん力を抑えている分、理想のスイングも作りやすいですし、ショットの精度も上がってくるでしょう。

たとえ曲がったとしても、飛距離270ヤードが出るスイングを手に入れさえすれば、そこからは飛距離を抑えて方向性を良くする練習だけに打ち込めばいいのですから、ゴルフがずっと簡単に感じるはずです。

自分が打ちたい「理想の飛距離」を設定し、その飛距離プラス20～30ヤードを打てるようになれば、余力を持って楽に「精度の高い理想の飛距離」が打てるようになります。これが私の掲げる目標で、「8割で振っても飛ぶ人になる」の真意です。

ステップ1は
速く振る感覚を覚えるドリル練習

本書においてはヘッドスピードを上げるために、今まで皆さんが取り組んで来なかったであろう、一般のセオリーとは異なる練習方法を数多くご提案しています。

例えば「トップを深くするために胸を90度以上回す」「切り返しから速く振り下ろす」練習などです。これらを実践しようと思えば、多くの方が「飛距離が伸びる理屈はわかるけど、これでは球に当たらない」と言うでしょう。

でも、それで良いのです。前述しましたが、ステップ1の練習でナイスショットを打つ必要はありませんし、チョロだってOK！　とにかく「一番速く振れるスイング」の練習をすればいいのです。ステップ1においては、全ての練習が「速く振る感覚を覚えるためのドリル」となっています。

脳に速く振る感覚を覚え込ませるドリル練習と、ナイスショットを打つ練習を混在させてしまう方が多いのですが、ステップ1での練習は「チョロが出たら120点満点」くらいの感覚で取り組んでください。

速く振るためのドリル練習を繰り返し、ヘッドスピードの最大値が上がれば、軽く置きにいったショットの飛距離も自ずと上がっていきます。「速く振る感覚を覚える練習」と「ナイスショットを打つ練習」は別物だと考え、切り分けて練習しましょう。

「ナイスショットを打たなければならない」というのは一種の呪縛です。この呪縛（リミッター）のために全力で振ることが出来ず、ヘッドスピードがなかなか上がらない方も多いです。このリミッターを解放することで、皆さんの飛距離は大幅に伸びていくことでしょう。

ラウンドに影響少なく飛距離を伸ばすには

飛距離アップはしたいけど、日々のラウンドもあるから球を大きく曲げたくない、という方は多いと思います。

その点はご安心ください。前述したように、速く振るステップ1の練習は全てドリル練習です。

例えばヘッドスピード42m/sの方が52m/sで振れるようになったとしても、実際のコースで52m/sで振れば、ミスショットだらけになるでしょう。

しかし、ヘッドスピードを52m/sまで上げることが出来れば、本書をご覧いただく前、元々のご自身のスイングで振っても46m/sくらいで振れるようになっているはずです。

ヘッドスピードを最大値から6m/s落として振ることは、さほど難しくありません。今までと同じ感覚で振ったとしても、ヘッドスピードが元々の42m/sから比べ4m/s上がっているのですから、飛距離も20ヤードくらいはアップします。

飛距離は伸びつつも、今までと同じ感覚で振れるので、ラウンドへの大きな影響もなく、安心出来るのではないでしょうか。

加えて、初速が出せる効率良いゴルフスイングに変えていけば、そこから更に飛距離を伸ばすことも可能です。

さあ、皆さん、大幅な飛距離アップのため、まずは球の行方を気にせずに「速く振る感覚を覚える」練習から始めましょう！

では、具体的にどうすればヘッドスピードを上げ、飛距離を伸ばせるのか……？

その内容を本編で詳しく説明していきます!!

目次

Contents

4

ヘッドスピードが上がるダウンスイング　――ダウンスイングで飛距離は決まる　75

ステップ2

ミート率を上げるゴルフスイングを構築　107

1

ミート率を上げるためにはインサイドから叩く　――スイングの軌道で初速は変わる　109

ステップ 3

ナイスショットを打つための知識と練習方法　195

こずえちゃん
（伊佐治こずえプロ）

みゆきちゃん
（岡田美由紀プロ）

TOMOKO LEE
（李朋子プロ）

りゅうちゃん
（中村竜一プロ）

コヤミー
（小山貴代美プロ）

万振りゴルフ部とは

万振りゴルフ部とは、ドラコンプロでありゴルフレッスンプロである李朋子（TOMOKO LEE）を中心にした、部員の岡田美由紀プロ（みゆきちゃん）、中村竜一プロ（りゅうちゃん）、伊佐治こずえプロ（こずえちゃん）、小山貴代美プロ（コヤミー）によるYouTubeゴルフチャンネルである。

現在は万振りゴルフ部STUDIOとして、東京で飛距離アップ特化型ゴルフスクールも運営し、アマチュアゴルファーの飛距離アップを実現するために活動している。

「受講生のヘッドスピードを平均7m/s上げるレッスン」として、YouTubeで大人気となり、半年先までの新規予約が募集開始1分で満席になるなど、今、予約が取れないと話題のゴルフレッスンスタジオである。

また、2020年7月からはオンライン会員も募集し、動画診断やライブ配信、オンラインレッスンによって全国のアマチュアゴルファーの飛距離アップを実現している。

YouTube × 万振りゴルフ部 人気の動画

人気ゴルフチャンネル「へたっぴゴルフ研究所」さんとのコラボ動画

突然やってきた「へたっぴゴルフ研究所」のお二人の飛距離アップをすることになった李プロ。たった１回のレッスンでヘッドスピードが14m/s 上がり、YouTube で話題に！　このコラボ動画をご覧いただき、万振りゴルフ部を知ってくださった方も多い、大人気動画。

万振りゴルフ部が世に出るきっかけとなった人気動画

小さな力で大きなパワーを生み出すテコの原理。 このテコの原理をゴルフスイングに取り入れることで、筋力の少ない方でも大きな力を生み出すことが出来ます。テコを使ったスイングの解説や、ドリル練習方法をご紹介！

ステップ

1

ヘッドスピードを上げる原理を理解する

1

ヘッドスピードを上げる原理原則

振り子の原理をスイングに取り入れる

振り子の原理をゴルフスイングに取り入れてみましょう！

本書での「振り子（運動）」とは「振られて上がってきたクラブを下に向かって押し返す」動きのことです。誰にでも出来る、シンプルな動きですね。

でも、実はこの動きの中にヘッドスピードを上げるためのポイントがたくさん隠されています。ただ、シンプルな動きゆえに、どんなポイントが隠されているのか見えていない方がとても多いのです。

本章では、一般的なゴルフスイングの概念にとらわれることなく、「どうしたら振り子を速く動かすことが出来るのか」というポイントを理解し、振り子運動をゴルフスイングに活かしてヘッドスピードを上げていくための基礎知識を学んでいきます。本章で紹介する内容が、JPDA メソッドの核になる考えです。

01

スイングに振り子運動を取り入れる

振り子の力を使うと高速で加速する！

POINT!

スイングを振り子にするには「究極の脱力」が必要！

「振られて上がってきたクラブを下に向かって押し返す」。この「振り子の力」をスイングに取り入れることが、ＪＰＤＡメソッドでヘッドスピードを上げるための一番の核となる考え方です。

さて、振り子運動をスイングに取り入れようと思った時に、腕にギューッと力が入ってカチカチになっている状態と、腕をリラックスさせてブラブラになっている状態と、どちらが振り子運動をするのに適していると思いますか？　そう、ブラブラのリラックス状態のほうですよね。

スイングに振り子運動を取り入れるには、この「脱力」状態になることが重要です。「脱力」状態になることで、腕を振り子運動で走らせるための準備を行います。

振り子運動で上がってきたクラブを下に向かって押し返す！
OK!
脱力すれば腕が振り子運動になり走る！「肩・腕・手首」全て脱力！
NG
力みがあると振り子にならず腕も走りません。

02 振り子は止まっている状態からは動かない

先の頁で振り子運動をゴルフスイングに取り入れるためには「脱力」が必要だとお話ししました。バックスイングやトップオブスイングにおいても、脱力していることが振り子の力を最大限に利用するための大切なポイントです。

しかしながら、多くのゴルファーはバックスイングで脱力することが出来ません。なぜなら、振り子の力で「振り上がる」のではなく、自分の筋力を使って「振り上げている」からです。試しに脱力し、ゆらゆらと腕を振り子状態にしたところからクラブを振り上げてみてください。ほとんど力を使わずにふわっと上げることが出来るはずです。

振り子の力ではなく自分の筋力で上げてしまう原因として、最初のア

棒をブラブラさせた振り子状態から上げると、最小限の力で楽に上がります。自分の筋力で「上げる」のではなく、「勝手に上がってしまう」状態が◎。
NG
静止状態から動かすには、たくさんのエネルギーが必要です。「振り子で振り上がる」ではなく「腕力で上げる」になっては×。

ドレス時に身体を固めて止まってしまうことが挙げられます。これでは全くの静止状態からクラブを上に向かって振り上げることになり、「振り子」ではなく、自分の「腕力」頼みになってしまいますよね。

　最初のアドレスで腕をゆらゆらと振るような「振り子運動」を取り入れてみてください。この振り子運動を取り入れるとバックスイングがスムーズになります。ＪＰＤＡではこの動きを「初期動作」と呼んでいますが、逆に言うと、初期動作を取り入れないと、振り子は上がってはくれません。

　プロゴルファーがアドレスで足をペタペタと動かしたり、モジモジと動いたりしているのがこの初期動作です。初期動作の細かい動きについては、54頁で改めて説明いたします。

03 振り子は「受け止める」必要がある

JPDAメソッド
飛ばない人の共通点 1

切り返しのタイミングが早い人

振り子運動にならず
ヘッドスピードが上がらない

振り子スイングでは、ヘッドが上がりきるポイント（頂点）までしっかり待ってください。途中で切り返してはいけません。

ＪＰＤＡではそのことを「受け止める」と表現しています。

例えばブランコに乗っている子どもの背中を押してあげる時は、ブランコが一番高い所まで上がりきったタイミングで押してあげますよね。

ブランコが上がりきる前、途中で背中を押し返しては、上手く振り子の力を返せません。

振り子運動をスピードに乗せるためには、これ以上上がらないという「頂点」でしっかり受け止めてから、反対側に力を加えましょう。

この、上に向かう力が完全に無くなるのを待ち、「受け止める」を意識することが大事なポイントです。

頂点
OK!
上に向かう力が無くなっているので、
下に押す力がダイレクトに伝わる。

振り子が頂点まで上がりきるのを待ち、上に向かう力が
完全に無くなってから下に向かう力を加えると、スムーズに走ります

NG
頂点
上に向かう力と下に押す力
がぶつかり合ってしまう。

振り子がまだ上に向かっている途中で押し返してしまっては、
力がぶつかり合って振り子がスムーズに走りません。

04 力を入れるのは「一瞬」だけ

上がってきた振り子を頂点で受け止め、反対に押し返す。その際、力を入れるのは切り返す一瞬だけです。その一瞬に力を入れれば、勝手に走っていくのが振り子運動。時計で例えるなら、力を入れるのは12時から9時の間だけでいいのです。

ですが、多くのゴルファーが12時から6時くらいまで力を加え続けてしまったり、人によってはフィニッシュまで自分の力で動かしてしまっています（ＪＰＤＡメソッドではこれを「自己動作」と呼びます）。

上半身の三角形を崩さないようにすることは重要ですが、トップの形をキープ出来ても「自分の筋力」で回転させてしまっては、振り子の力を上手く使えず、クラブヘッドがスピードに乗りません。

OK!
力を入れるのは
ここだけ！
それでも振り子は
スムーズに走る！

力を入れるのは切り返しの一瞬だけ。
12 時から 9 時までの間で力を加えれば、
勝手に走っていくのが振り子運動です。

12
1
2
3
4
5
6
7
8
9
10
11
OK!

もっと詳しく！
動画解説

「12時から9時の間」を越え、6時くらいの位置まで力を加え続けてしまうと、振り子はスムーズに走りません。

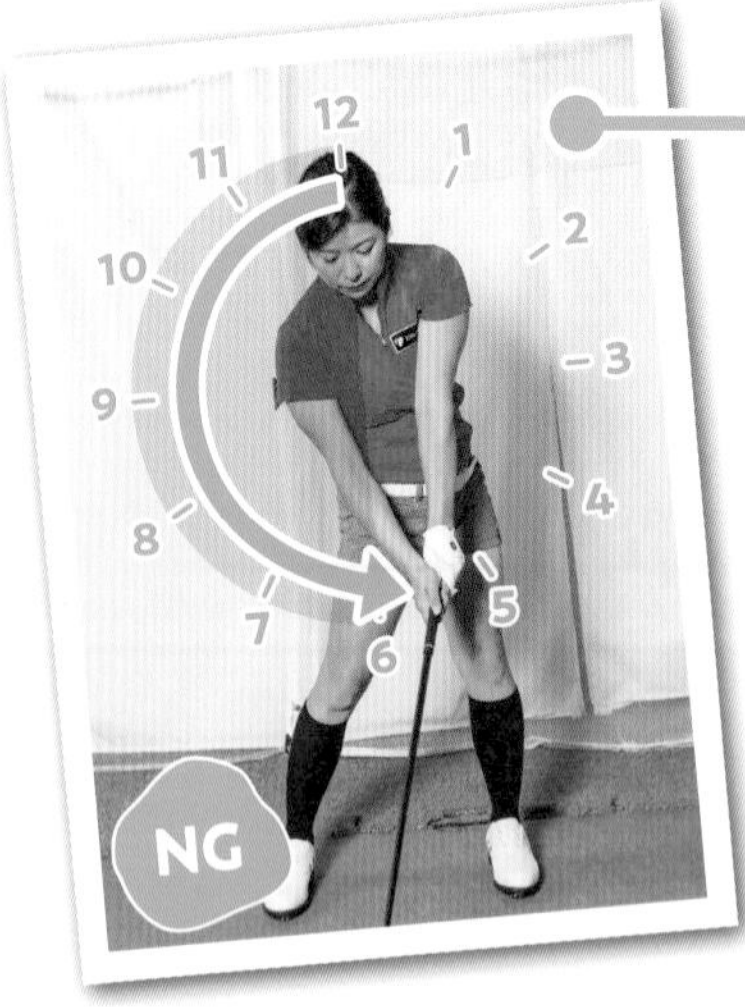
12
1
2
3
4
5
6
7
8
9
10
11
NG

JPDAメソッド

飛ばない人の共通点 2

力を入れ続け「自己動作」で動かし続ける人

自分の筋力だけで動かすと
スピードは遅い

NG
上がってきた振り子をせっかく頂点で受け止めても、この棒を自分の力で動かしてしまうとスピードは出ません。

ブランコに例えると、頂点で受け止めたのにそのままブランコをつかんで一緒に走ってしまうイメージ。これではスピードは出ないですよね。

05

上から下に向かって力を加えるとスピードが出る

スイカ割りをする際、棒を小さく振り上げて叩くより、大きく振り上げたほうが破壊力は増しますよね。

振り子は上から下に、出来るだけ高い所から下に向かって押してあげることでスピードが増します。

加える力が全く同じでも、低い所から押したり、下から上に向かって重力に逆らうように押してもスピードは出ません。

時計でいうと12時から6時の間、ダウンスイングでどれだけ頑張ることが出来るか、が重要なポイントで、これがＪＰＤＡメソッドの基本概念となります。

スイカ割りを想像してみてください。棒を小さく振り上げて叩くより、大きく振り上げたほうが、振り下ろすスピードが出て破壊力が増しますよね。

それと同じで、バックスイングが大きければ大きい程ヘッドスピード

振り子は上から下に、出来るだけ高い所から下に向かって押してあげることでスピードが増します。

低い所から押したり、下から上に向かって重力に逆らうように押してもスピードは出ません。

は上がり、インパクトでの力が増えます。

単純な原理原則ですが、ゴルフになった途端、なぜかゴルファーのほとんどの方が下から上に向かってフォロースルーで頑張って振ろうとするのです。それではスピードが出ないのも当然ですよね…。

06 低い所に落としてから振ってもスピードは出ない

JPDAメソッド
飛ばない人の共通点 3

腰がスウェーすることで、低い位置にクラブを下ろしてから振り始める人

低い位置から力を加えても助走距離が短くスピードは出ない

振り子の力を利用し、「頂点」から下に向かって力を加えることでスピードが増すことは、これまでお話しした通りです。

しかし、腰が横にスウェーしすぎて、低い所から振り始めてしまっている方も多く見受けられます。

これをブランコで例えるなら、ブランコが上がりきるのを待ったのにそこでは押し返さず、低い位置に下りてきてから押しているのと同じことです。

低い位置から押しても、上手くスピードに乗りませんよね。頂点で受け止めて、高い位置からダイレクトに押し返すことで振り子のスピードは上がります。

もっと詳しく！
動画解説

OK!
切り返しからダイレクトに力を加えて振り下ろすとスピードが上がります。

OK!
NG

ブランコも頂点まで上がりきってから押してあげればスピードは出ますが、低い所に落ちてきてから押してもスピードは出ません。

ダウンは「スイング」 フォローは「スルー」

コラム・1

一連のスイング動作でもインパクトを境に「ダウンスイング」「フォロースルー」と名称が変わりますが、皆さんはその理由を考えてみたことはありますか？

私自身は私の師匠（ＪＰＤＡ会長・松谷伸次プロ）に教えられるまで何の疑問も持っていませんでしたが、師匠云く、「ダウンスイングは「振り下ろす」という意味の単語であるが、フォロースルーの『スルー』は「通過する」という意味である。ダウンスイングの力の惰性で回っていくのがフォロースルーであり、フォローは「スイング」ではない」とのこと。

詳しく説明すると、ボールはクラブに当たった瞬間からフェースを離れて飛び始めています。飛び始めた後にいくら力を込めても、触れられないボールに影響は与えられませんよね。つまり、大切なのはダウンスイングからインパクトまで。そこでいかに頑張り、ボールに力を与えられるかが飛距離に関わってくるのです。

一般的には「フォロースルー側で速く振りましょう」と言われていますが、実は真逆。フォローを一生懸命振ろうが止めてしまおうが、インパクトにかかる力が同じならボールが飛ぶ距離は同じです。

速く振るべきはフォローではなくダウンスイングなのですが、フォロースルーを頑張って振ったほうが飛ぶような錯覚に陥ってしまうんですよね。

もちろん、ゴルフにおいてフォロースルーが必要ないと言っているわけではありません。方向性を出したりスイングを構築する上では重要な要素になります。

しかし、インパクトに影響を与えられるのはダウン側の動作でしかありません。ヘッドスピードを上げるステップ1においては、インパクトまでのスピードを上げ、ボールに伝える力を最大限にして、飛距離アップを図りましょう！

2

ヘッドスピードが上がるアドレス

ヘッドが走る構えを覚える

飛距離を伸ばすにはヘッドスピードを上げること。

前章では、そのために「振り子の力」を最大限利用すべく、「振り子運動」の基礎知識についての解説をしました。

そして本章からは、グリップの握り方、最初のアドレス、ボールを置く位置など、JPDA メソッドに基づいてヘッドスピードを上げるための「構え」をひとつずつ解説していきます。

01 グリップは超ゆるゆるに握る

強く握ることで腕から肩まで力が入り固まってしまいます。これではスムーズな振り子運動が出来ません。

もっと詳しく！
動画解説

ヘッドスピードを上げるためには、「グリップを握る手」も脱力することが重要です。強く握ると、肩まで力が入り腕が固まってしまいます。これでは振り子運動にならず、飛距離も伸びなくなってしまいますね。

まずは、グリップを握ってから手を「超ゆるゆる」に、クラブが抜けてしまうギリギリまで力をゆるめてください。丸めた新聞紙を潰さないイメージで、そっと手を添えるくらいで十分です。

ＪＰＤＡメソッドにおいて、ヘッドスピードを上げるための、とても重要な要素になります。極端なくらいゆるめてください。

基本的には自分の握りやすい握り方でいいのですが、よりヘッドスピードを上げていくことを考えるなら、グリップに対し左手の甲を上に向け、

OK!
グリップを握る手を「超ゆるゆる」にすることで、腕の力が自然と抜けます。
手の平ではなく指先で握ります。
ストロンググリップで握りましょう。
NG
NG

かぶせ気味に握ることをおすすめします（ストロンググリップと呼ばれています）。また、手の平ではなく指先で握るようにしましょう。

ストロンググリップにすることでダウンスイング時に強く引っ張ることが出来、飛距離アップが望めます。

更に、指先で握ることによりフェースコントロールがしやすくなり、操作性が圧倒的に上がります。

ただ、ストロンググリップにはヘッドが回転しやすくなり球が引っかかって左に行きやすくなるリスクもあります。これは、ステップ3の方向性を整える際に調整が必要になりますが、まずはヘッドスピードを上げる握り方、これを覚えるのが先決です。

「超ゆるゆるに握る」「指先で握る」「ストロンググリップで握る」。この3つのポイントを心がけましょう。

02

出来るだけ重心は高めに大きなアドレスで構える

上半身を倒し重心を低くしてしまうとスイングのトップ位置が低くなり、振り子の力が弱くなってしまいます。

JPDAメソッドは、アドレス時の重心をなるべく高くするように構えます。深く前傾しないよう胸を起こして膝も曲げすぎず、スッと立つ構えです。例えば自分の前に壁があったとして、姿勢は上半身が壁と平行になるくらい。目線は下へ落としすぎずにちょっと見下ろすくらい。そんな構えをイメージしてください。

重心を低くしてしまうと、その分スイングのトップ位置が低くなってしまいます。振り子でいえば、より高い位置から振り下ろしたほうがヘッドスピードは出ますから、重心はなるべく高いほうがいいのです。

また、前傾を深くした状態での回転運動は、腹筋や背筋など体幹部の強さが必要になります。身体能力の高い方は深い前傾をキープしたまま高速回転出来ますが、一般の方には

OK!
目線はちょっと下げるくらい。
上半身はなるべく起こして。
重心
膝を曲げすぎず、重心を高い位置にキープします。

なかなか難しいでしょう。そのため、回転スピードを速める意味でも重心を高く前傾も浅めに構えたほうがヘッドスピードが出やすくなるのです。

この「前傾を浅く重心を高くする」ということに疑問をお持ちになる方もいるでしょう。一般的なゴルフメソッドは「出来るだけ重心を落として両足を安定させる」というものです。

しかし、このステップ1で大切なのは「速く振る感覚」を覚えることです。とにかく速く振ること、これを身体に覚え込ませましょう。

正しいゴルフスイングを構築していくのはその後、ステップ2以降で解説します。

まずはボールの行方もスイングの形も気にせず、「速く振る感覚」を身体と脳に覚えさせましょう。

❶見えない壁（打点）と頭の距離が近すぎる。
❷重心が左に傾いている。
❸ボールが左カカト線上より内側に入りすぎている。

03

ボールは左カカト線上で右肩は少し下がった状態に

頭と打点の距離を離す

ボールは、構えた時の左カカト線上を目安に置きます。

しかし、これが中央に寄りすぎている人が多いです。それではスイングの時に詰まりやすくなってしまいます。また、重心は身体の右側に寄せて、頭も右側に、右肩をやや下げましょう。

自分の左足外側ぴったりに壁があると想像してみてください。その壁をスイングして叩こうとした時に、頭が壁に近いと詰まってしまいませんか？

ボールに対して身体の重心が左寄りだと、ボールとの距離も近くなりますし、スイング時に動きが詰まってしまいます。見えない壁（打点）と頭の間に距離をとる構えを心がけてください。

では、このアドレスではどちらの

OK!
右肩を少し下げる。
見えない壁を意識して、頭との距離をとる。
重心は右側に。
ボールの位置は左カカトの延長線上くらいが◎。

足にどれくらい体重を乗せればいいのでしょうか。

構えた姿勢のまま「右・左・右」と、左右に重心を動かしながら、軽く足踏みをしてみてください。右・左・『右』と3番目に体重を乗せた時、この時の体重の乗せ具合がちょうど良い塩梅です。

『ボールは中央寄りではなく、最低でも左カカト線上に置く』『自身の左側に見えない壁を意識して、その壁と頭の間に距離をとる』『重心は右側に』この3つがポイントとなります。

特に、JPDAメソッドにおいては『左側の見えない壁を意識し、壁と頭の間に距離をとる』は大きなポイントです。見えない壁を意識してみてくださいね。

04 ティーの高さはスイングの最下点からの距離で変わる

アイアンの場合

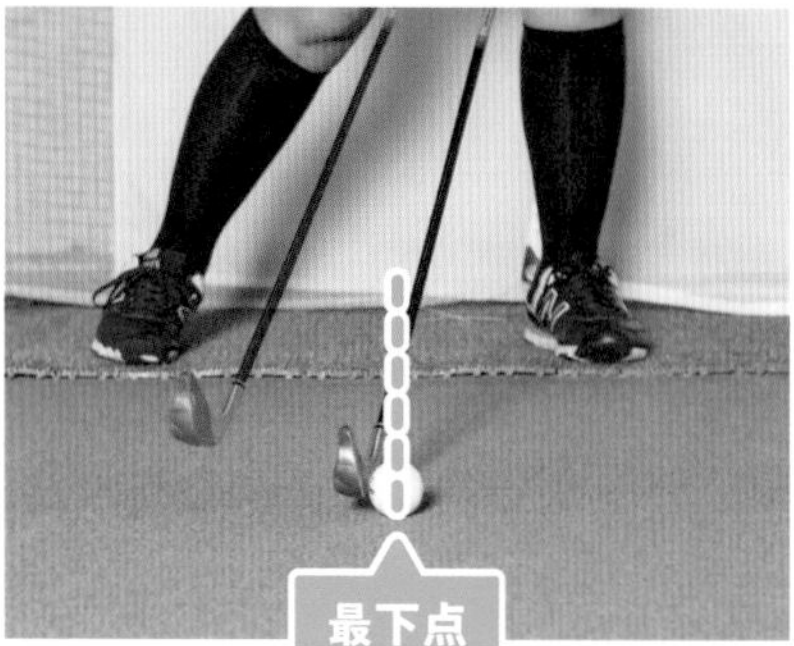

アイアンの場合は
最下点＝ボールの位置

ドライバーの場合は
最下点より進行方向へ寄せた位置
＝（左カカトの延長線上）
＝ボールの位置

アイアンで構える際、ボールは両足中央の延長線上に置きます。ざっくり言うと「スイングの最下点＝ボールの位置＝両足の真ん中」です。それに対してドライバーは、前頁でもお話ししたように左カカトの延長線付近にボールを置きます。

そうすると、両足の真ん中（＝最下点）から左側に寄せた分だけスイングが進み、ヘッドが上がり始めますよね。

つまり、上がった分だけボールの高さも上げてあげないと、トップしたりミスショットに繋がります。

この「ヘッドが上がった分だけ」が、必要なティーの高さなのです。

ティーの高さはボールを置く位置によって変わります。しかし、皆さんそれぞれに打ちやすい高さもあるでしょう。その場合は前述の話を逆

ドライバーの場合

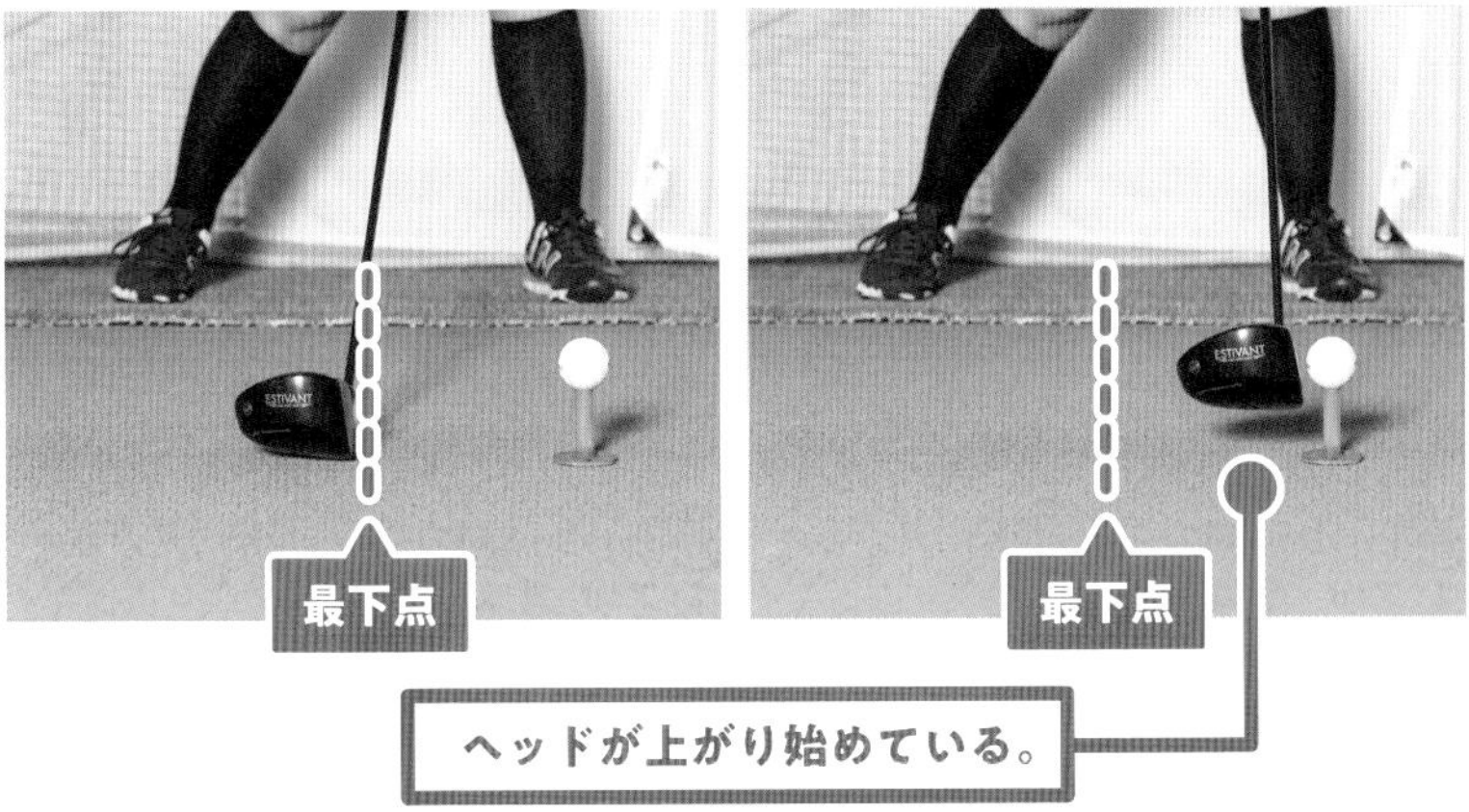
最下点
最下点
ヘッドが上がり始めている。

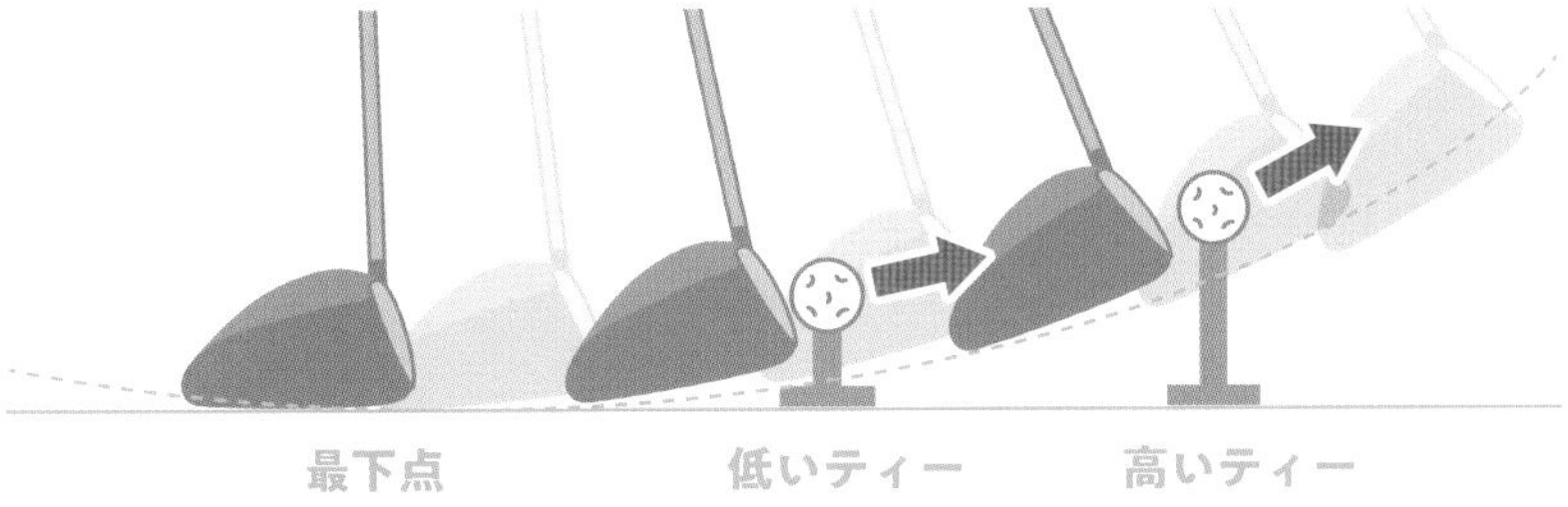
最下点
低いティー
高いティー

最下点からの距離が短い時はヘッドがまだ低い位置にあるためティーを低く、距離が長くなる程ヘッドが上昇するのでティーを高くします。

算的に考えてください。

高いティーでハイボールを打ちたい人は最下点より左側へボールを置き、低い球を打ちたい人はボールを最下点に寄せて低いティーを使うのです。

また、ダウンスイングからインパクトにかけて、頭が後ろに残り重心が右側にある人はティーを高くしたほうが打ちやすいですが、頭が左側に動く人は低いティーが打ちやすかったりします。そのため、ティーの高さはスイングのタイプによってもベストが変わってくるのです。

自分がどういった球を打ちたいかによって、ボールの位置と高さは変わります。状況に合わせて上手に変えていきましょう。

05

肘は下に向けて絞られた状態を作る

もっと詳しく！
動画解説

前章で、スイングは自分の腕の力で振るのではなく、振り子の力を利用して振るというお話をしました。そのために必要なのが「脱力」することです。

しかし、脱力を意識すると肘が引けてしまって自然なスイングが出来ない、という方はいらっしゃいませんか？　そういった方は肘を下に向けて構えるといいかもしれません。

肘が横を向いていると、横方向に肘が動いてしまい、肩・両腕の三角形が崩れてスムーズに振り下ろせません。下に向けることで肘が上下方向にしか曲がらなくなり、腕を上げた時に肘が出っ張らず自然なスイングが出来るようになります。

加えて、肘を下に向けて構える際は、バレーボールのレシーブのよう

肘を下に向けることでスイング中に肘が引けにくくなります。

肘が外側を向いていると、肩・両腕の三角形が崩れてスムーズにスイングが出来ません。

に構えると腕がパンパンに突っ張ってしまい脱力が出来ません。腕を下からすくうようにして構えることを意識し、脱力出来るアドレスを心がけましょう。

無理に「肘を絞る」のではなく、自然と「絞られた状態になる」ように構えることが大切なのです。

大事なのは、腕を脱力させスムーズな振り子運動にすることです。もし肘を下に向けることで、どうしても肩・腕が突っ張ってしまうという方は、肘が多少外に向いてもいいので、脱力することを最優先にしてください。

コラム・2

練習における前提条件とドリルについて

一般的なゴルフメソッドでは、『理想的なスイングになればヘッドスピードが上がる』と言われています。

しかし、『理想的なスイングの形になった』からといって『ヘッドスピードが上がる』わけではありません。

『ヘッドスピードを上げること』と『理想的なスイングを作る』ことは別物であり、別の練習ドリルが必要だからです。

例えば、ダウンスイングと同じように、自分の右サイドで両手を合わせて腕を素早く振り下ろしてみてください。次にその逆、いつものスイングとは反対側の左サイドで同じように両腕を振り下ろします。さて、腕がより速く振れたのは左右どちらのほうでしたか？　圧倒的に右サイドのほうが速く振れたのではないでしょうか。

それは何故か。右サイドで速く振り下ろす練習は幾度となく行っていますが、左サイドから振り下ろす練習はしていないためです。

つまり、脳にその感覚が一切ないから。

そして、脳に入っていない動きというのは、人間は行うことが出来ないのです。

職人さんが、様々な一連の作業を無意識的に行えるのは、作業の流れ・動きが長年の積み重ねで脳にインプットされているから。ゴルフに置き換えるなら、速く振るという感覚を脳にインプットさせないことには、どんなにスイングが綺麗になってもヘッドスピードは上がらないということですね。

速く動かす、速く振るということを一度脳にインプットさせれば、その後は意識せずとも速く振れるようになれます。

『理想的なスイングを作る練習』と『速く振る感覚を覚える練習』は全くの別物であることを理解し、それぞれの練習をしていくようにしましょう。

3

ヘッドスピードが上がるバックスイング

テークバックの初動でヘッドスピードは変わる

ヘッドスピードを上げるためには、どうすればいいのか。

前章の「構え」に続き、この章では「バックスイング」について解説していきます。

「ヘッドスピードアップにバックスイングは関係ない」と思っている方は多いかもしれませんが、JPDA メソッドではバックスイングから切り返しまでの動作が、飛距離アップのための特に重要な要素と考えています。この一連の動作を分解し、一つひとつチェックしていきましょう。

01

振り子の力を使って「上げる」のではなく「上がる」感覚を覚える

振り子で「振り上がる」感覚を覚えれば、バックスイングが一定になります。

片手で握ったクラブを、静止させた状態から振り上げてみてください。かなり腕の力を使いますよね？

次に、左右にぶらぶらと、振り子のように振ってから振り上げるとどうでしょう？　少しの力でもふわっと上がるのではないでしょうか。

22頁でも説明しましたが、このように振り子運動の力を利用すれば、脱力したままでもバックスイングが出来るのです。

しかし、多くの方がバックスイング時に「これぐらいかな？」「この辺かな？」と、自分の筋力でクラブを振り上げてしまっています。そのため、トップの位置が毎回変わってしまうのです。

アドレス時に脱力していても、振り上げる際に力が入ってしまうと、

自分の筋力で振り上げると、トップの位置が毎回変わってしまいます。振り子の力も十分に利用出来ません。

スムーズな振り子にはなりません。

バックスイングをオートマティックに、そして一定にしていくためにも、「上げる」のではなく、振り子運動で勝手に「上がっていく」、この感覚を覚えることがＪＰＤＡメソッドでは重要だと考えています。

そのための初期動作や練習方法などを、次頁から解説していきます。

02

腕ブラブラ体操で脳に脱力感を覚え込ます

脱力と言われても、どうしても力が入ってしまう……そういう方には、「腕ブラブラ体操」がおすすめです。

足を肩幅に開き、上半身は軽く前傾させます。腕の力を抜いて、だらーんと下に垂らしてください。そのまま、カカトだけを左右交互に上げ下げします。合わせて、腰も軽くひねってみてください。すると、自然と腕が振り子になってきませんか？

カカトの上げ下げと左右の重心の移動、それだけで腕が振られるという感覚を脳に覚えさせるための「腕ブラブラ体操」です。

この感覚に慣れてきたら徐々に胸まで回してみましょう。脱力したままでも、自然と腕の振りが大きくなるはずです。この、脱力したまま「振り上がる」という感覚を脳に覚え込ませましょう。

1

足を肩幅に開き、上半身を軽く前に倒します。腕の力を抜いて
身体の前に垂らし、カカトだけを左右交互に上げ下げしてください。

2

カカトをペタペタと左右交互に上げ下げしつつ、腰を少しひねります。
腕が脱力したまま振られていることを感じてください！

3

徐々に胸まで回してみましょう。
脱力したままでも腕の振りが大きくなります。この感覚を覚えましょう！

03

前に振ってから振る素振りでバックスイングの脱力感を覚える

JPDAメソッド
振り子素振り練習法
最初にフォロースルーを出し、戻ってくる力を利用してバックスイングに入ります。

前頁の「腕ブラブラ体操」を応用し、実際にクラブを握ってバックスイングの素振り練習をしましょう。

一般的に、ゴルフはアドレスで静止した状態からクラブを振り上げます。しかし既にお話ししている通り、固まっている状態から振り子にするのは難しいですよね。

ですから、バックスイングに入る前に、一度フォロースルーを出してしまいましょう。その戻ってくる力を使って振り上げるという練習法です。「腕ブラブラ体操」の応用で、十分に脱力し、振り子の力を利用してバックスイングの「振り上がる」感覚を覚えます。

まずはボールの無い素振りで繰り返し練習し、この感覚を脳に覚え込ませてください。ボールがあると、

1
もっと詳しく！
動画解説

2
❶の力を利用したバックスイング。腕に力を入れて「振り上げる」のはNG！　脱力したままで！

3
振り子で「振り上がる」感覚を覚えましょう！

「当てたい」「良いショットを打ちたい」という気持ちがどうしても（無意識であっても）出てしまい、力が入りすぎてしまいます。

実際にボールを使った練習は次頁以降で解説します。まずはボールの行方を気にせず、振り子運動を利用したバックスイングの「脱力感」を覚えましょう。

04

バックスイングの初期動作練習

1 左右交互にカカトを上げ、重心移動をします。左カカトを上げ、右足に体重が乗ったタイミングでバックスイングに入りましょう！

前頁で『一度前に振ってから振り上げる』素振り練習を紹介しましたが、実際のプレー時に「前に振る」という動作は出来ませんよね。

この項では、実践の場面で素振りと同様の効果を得られるＪＰＤＡ流の方法を４つご紹介します。

１つ目は、構えたら両足のカカトを交互にペタペタと足踏みする方法です。足踏みをして左右に身体を揺らし、振り子的な重心移動を作ってから、右足に体重が乗ったタイミングでバックスイングを行います。毎回自分のタイミングで上げてもいいですし、「右・左・『右』で上げる」など、一定の動作を決めてしまってもいいでしょう。

２つ目は、１つ目の方法では「タイミングがつかみづらい」「上げづ

2 あらかじめ右足のカカトを上げて構え、カカトを踏み込む力を利用してバックスイングに入る方法です。

らい」という方におすすめです。

あらかじめ右のカカトを上げて構えておき、右のカカトを踏み込む力を利用してバックスイングに入りましょう。筋力だけでクラブを振り上げてしまうことを防げます。

3

3 手元と右膝を目標方向に少し押し込み、そこから戻る力を利用してバックスイングに入る方法です。

3つ目は「フォワードプレス」と呼ばれている方法です。

手元と右膝を目標方向にちょっと押し込んで、そこから戻す力を利用して腕を振り上げます。

世界的なトッププレイヤーも使っている方法なので、比較的取り入れやすいのではないでしょうか。

4つ目は、これまで紹介した3つの方法がどうにも合わないという方、目に見える初期動作に抵抗を感じる、という方におすすめの方法です。

要は「振り子的な重心移動を作る」ことが出来ればいいので、構えたあとにボールの後ろ辺りで、プラプラと軽くクラブを揺らしてしまいます。そこで身体の重心移動をを作ってから、その動きのまま腕を振り上げるという方法です。

4

4 ボールの後ろでプラプラと軽くクラブを振り、振り子の力を感じながら、そのままバックスイングに入ります。

いかがでしたか？ ここでは4つの方法を紹介しましたが、必ずしもこれらの方法にこだわる必要はありません。

大事なのは「身体がガチガチに固まった状態から、振り子は振り上がらない」ということです。

あくまでも、こうした緊張状態を避けるために紹介した初期動作です。ほかにも、脱力しながら振り上げられる方法をご自身で色々と試してみてください。

いずれの方法も「一度左足に重心を移動させたあと、右に踏み込む」「下半身を主体にバックスイングを行う」ことがポイントです。

この詳細は次頁以降で説明していきます。

05

バックスイングで下半身の力を使うと脱力出来る！

下半身を使って重心移動すると、脱力したままスムーズに上半身を回転させることが出来ます。

他のスポーツにも通じることですが、例えば野球選手が守備で左右に身体を動かしていたり、サッカー選手が常に左右にステップをとっていたり。これらは素早く次の動きに移るための準備運動のようなものです。どんな人でも、身体が完全に止まっている状態から素早い動きに移るのは難しいことですよね。もちろんゴルフも同じです。

そのための初期動作として、前項で4つの方法を紹介しました。

そして、紹介した4つの動作に共通するのは、下半身を動かして重心移動をしている、ということです。

52頁で紹介した『一度前に振ってから振り上げる』素振り練習も同じで、下半身を一度左に開き、そこから右へ重心移動していく力につられ

下半身、主に膝を固定してしまうと、どんなに身体が柔らかくても腰を大きく回せず、バックスイングが小さくなってしまいます。

て上半身は上がっていきます。

ポイントは「下半身主体で動く」「一度左に乗ってから右足を踏み込んで上げる」ということなのです。

それによって22頁で触れた振り子運動の初期動作、「ブラブラ」の重心移動を作ることが出来ます。

一般的なゴルフメソッドから、多くの方が『ゴルファーは下半身を安定させないといけない』と思っていて、『足を止めて動かないように上半身で一生懸命回して』と考えてしまいがちです。

しかし、スムーズに身体を回転させるためには『下半身から身体を回していく』『下半身の重心移動で振り子運動を作っていく』ことが大切なのであり、JPDAメソッドの大きなポイントとなります。

もっと詳しく！
動画解説

06

トップで左腕は時計の12時を指し、胸は90度以上回す！

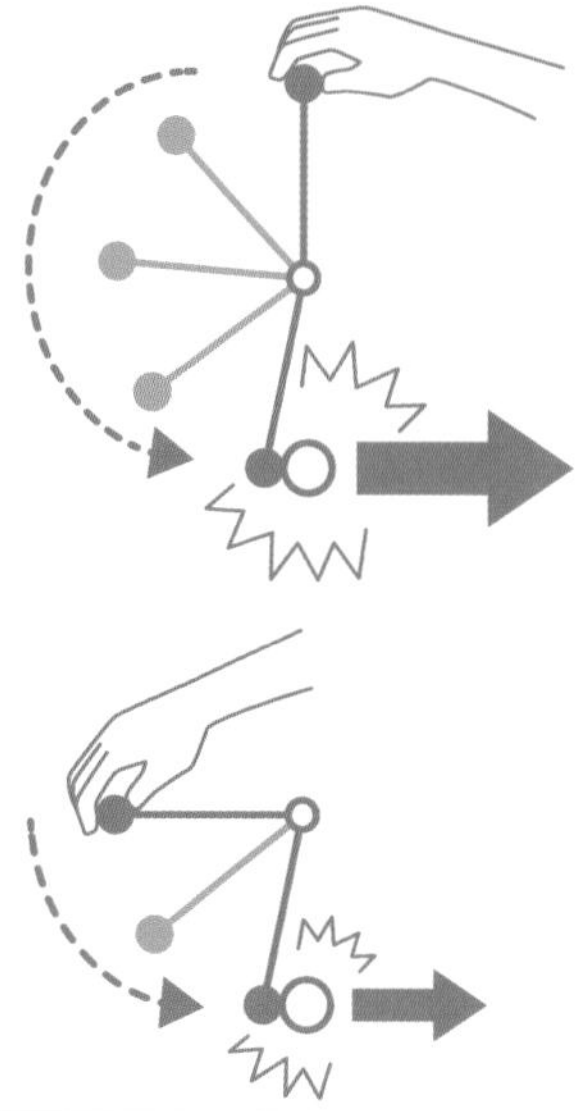

振り子は高い所から落とす程スピードが出る。スピードが出たほうが打点での威力が増す。

30頁でも説明しましたが、振り子は高い所から落とす程スピードが出て、低い所からだとスピードが出ません。もちろん、これはスイングについても同様です。

頭を頂点に人間の身体を時計に例えると、左腕が9時を指す位置から振り下ろすのと10時の位置から振り下ろすのとでは、10時のほうがスピードが出ますよね。当然、10時よりも11時、11時よりも12時、と振り下ろしたほうが、よりスピードが上がります。

最大限にスピードを上げるためにも、左腕は12時の位置まで上げるよう意識しましょう。

左腕を11時まで上げると、あわせて胸は90度程回ります。そうすると胸がちょうど真横に向きますよね。そこから更に角度を上げていくと、

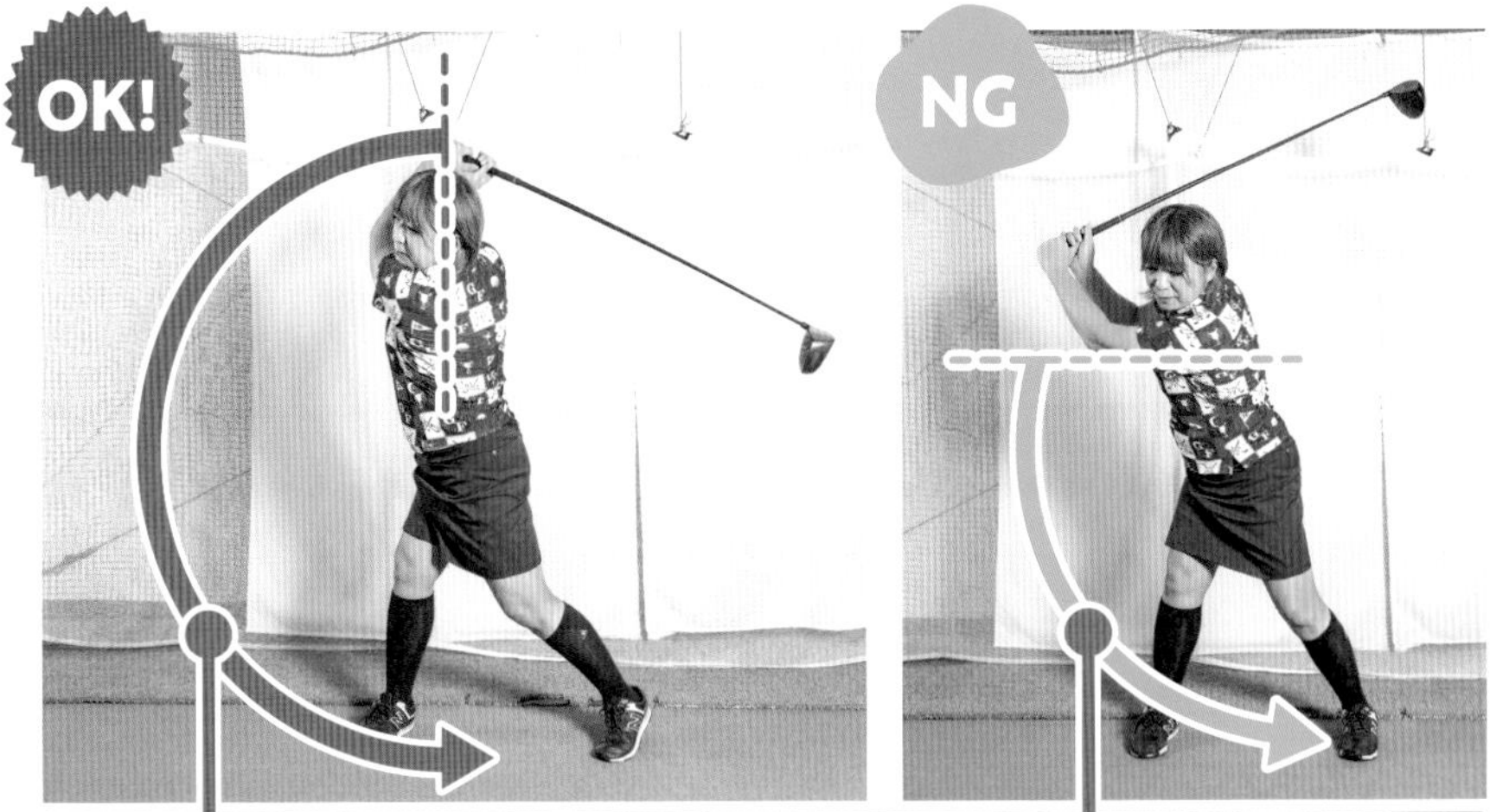

左腕を12時の位置まで上げた写真（左）と、9時の位置まで上げた写真（右）。切り返しからインパクトまでの距離の違いに注目してください。

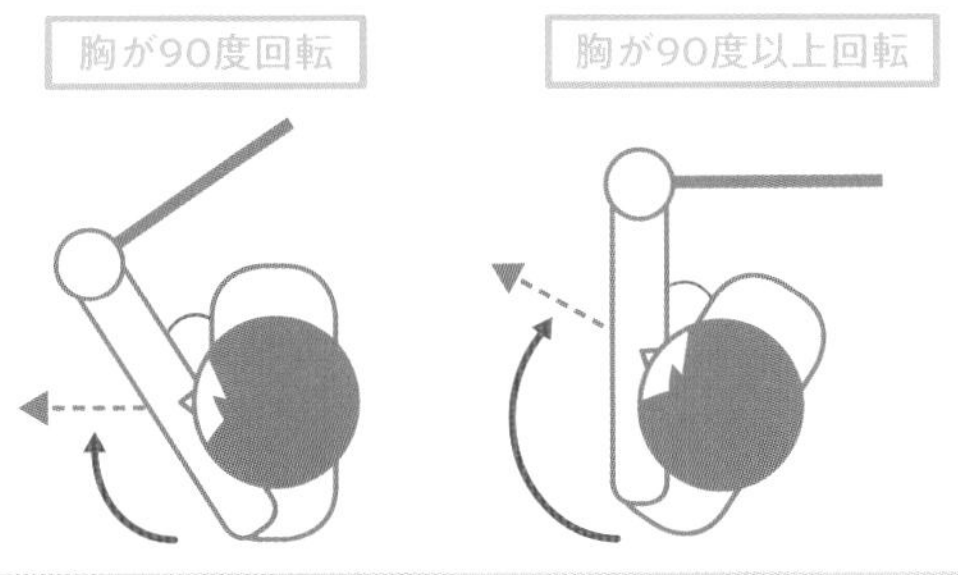

身体の構造上左肩と左腕に角度がつくので、胸を90度回しても腕は11時くらいの位置。90度以上回さないと腕が12時の位置を指しません！

胸はどんどん上を向いていくはずです。90度以上回った状態になると、やっと左腕が12時の位置まで上がります。そう、実は胸が90度以上回らないと左腕は12時を指さないのです。

そして、この「胸が上を向いている（90度以上回っている）」ということが非常に重要なポイントとなります。なぜなら、人は胸の正面でないと腕を強く振れないからです（試しに頭の上で腕を振ってみてください。胸の前で振る腕とどちらが速いでしょうか?）。腕を12時まで上げてトップを高くしても、そこから強く振るためには、力を入れたい所に胸を向けてあげないといけません。

「左腕は時計の12時を指し」、「胸は90度以上回す」ことで、高い位置から力強く腕を振り下ろせます。そ

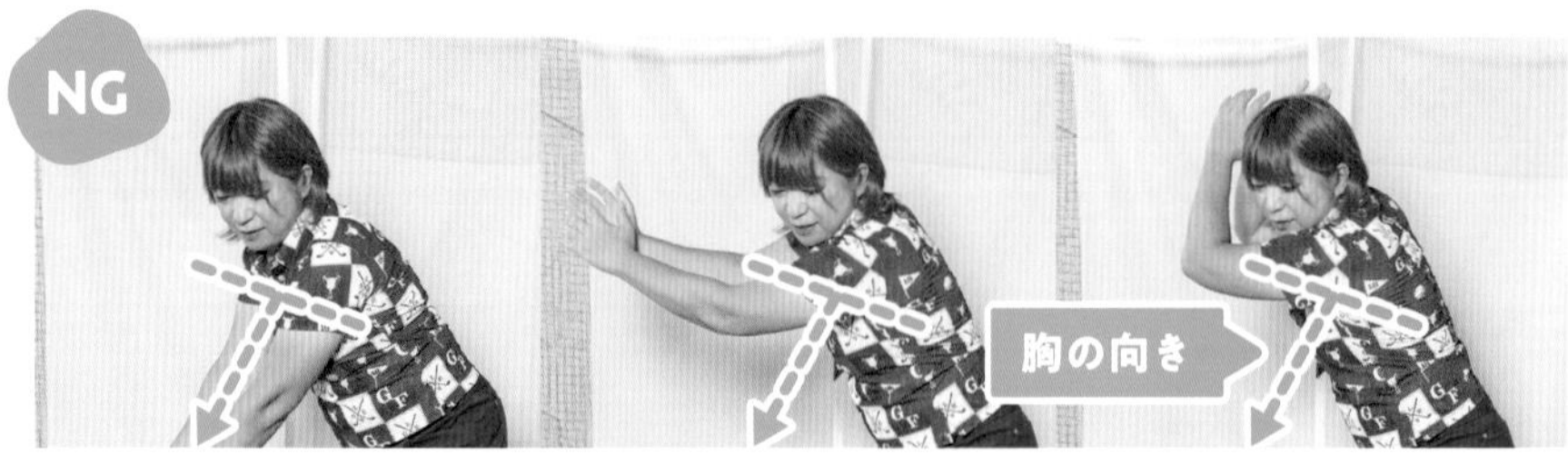

胸の前でないと腕に力が入らない。力を入れたい方向に胸を向けることが重要！

頭の上で腕だけ振ろうと思っても力が入らない。

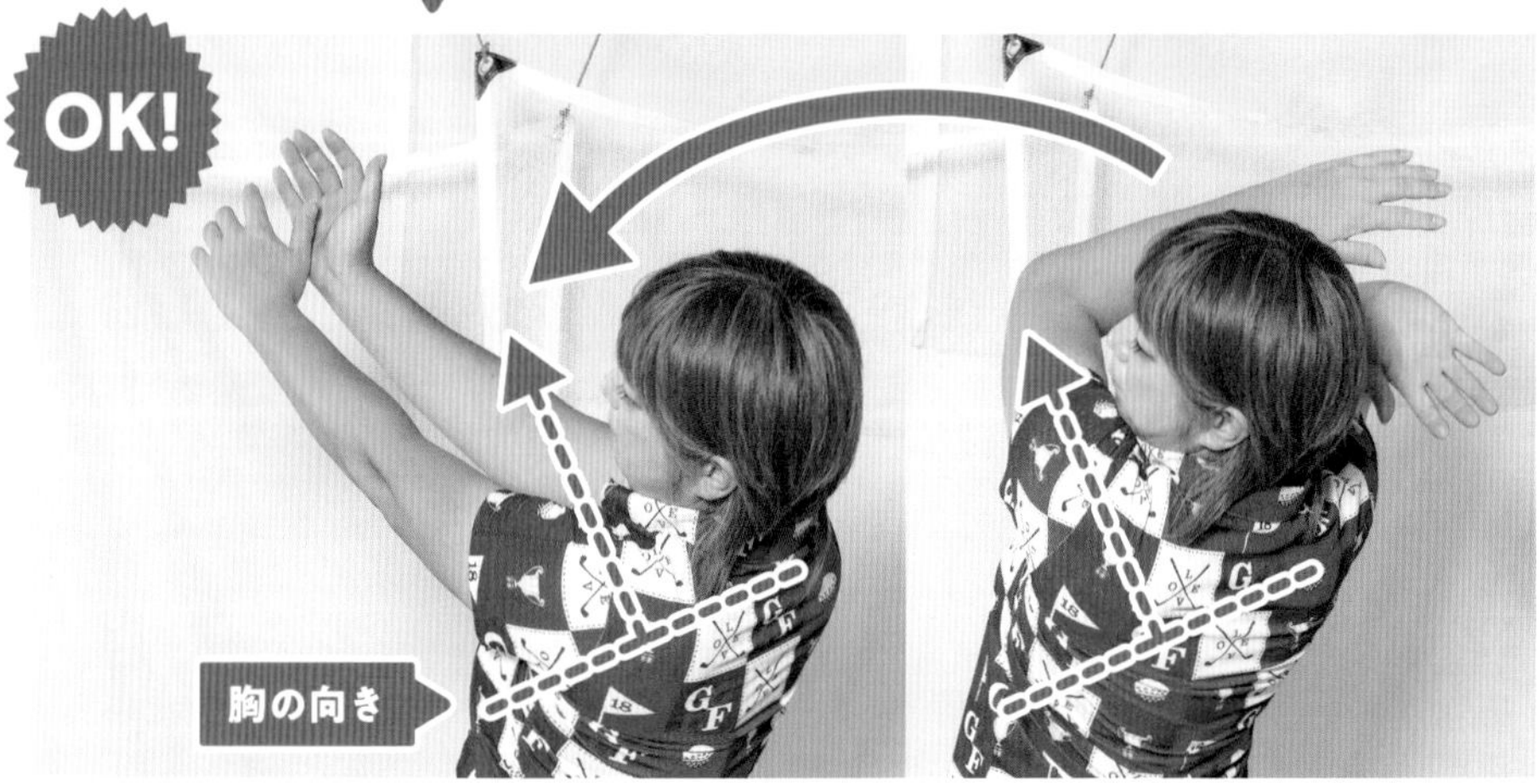

うすることで力が最大限に発揮され、ヘッドスピードも上がるのです。

しかし、なかには「そんなに大きく振りかぶったらボールに当たらないよ！」と感じる方もいらっしゃるでしょう。そして、これがこのレッスンの核ともなるのですが、

『ボールに当たらなくても良いんです！』

これは「速く振る感覚を覚える」ための練習です。現段階でボールに当てる必要はありません。ほとんどの方はこれまで「胸を90度以上回して12時の位置から腕を振り下ろす練習」なんてしたことはないでしょうから、ミスショットが出るのは当然。この「胸を深く回す」練習も、ひと

胸の向き
左腕はなるべく高く、12時の位置まで上げましょう。トップが高くなり、振り下ろす振り子の力が強くなります。
胸は90度以上回します。この時、胸がちょっと斜め上を向くくらいでないと、90度以上回っていません。腕が時計の12時を指すように胸を回しましょう！

つのドリルなのです。

当たる当たらないは気にせず、今は速く振る感覚を覚えることだけに集中して練習しましょう！

これまでの話の中でも、「それではボールに当たらなくなる」「曲がっちゃう」「スイングの形が崩れる」なんて思う場面があったかもしれません。

でも、そういったことは一切気にしなくていいんです！ 現段階ではスイングの形もボールの行方のことも忘れてください。それらを気にするのは次のステップからで十分です。

そういった意味でも、私はステップ1の練習では素振りをおすすめしています。ボールを打っていると、どうしても球の行方や当たりを優先してしまうからです。まずは素振りで速く振る感覚を覚えていきましょう。

07

トップで捻転差は不要！ 捻転差は切り返しで作る！

NG
下半身を固定して上半身を回しても、45度くらいしか回らず、トップが低くなってしまいます。

一般的なゴルフメソッドでは、「上半身と下半身の捻転差（ねじれの差）を大きくすれば飛ぶ」と言われています。

そのため「下半身を固定して上半身をねじろう」「下半身を止めていないといけない」と考えている方も多いでしょう。

しかし、腰・下半身を固定してしまうと、どんなに身体の柔らかい人でも上半身が45度くらいしか回りません。結果、上半身が回らないから低いトップになってしまう、という人が多く見受けられます。

ですから、捻転差を作ることは一度忘れてしまいましょう！

捻転差が出来ている低いトップから一生懸命振るよりも、捻転差がなくても大きなトップから振り下ろし

OK!
高いトップから振り下ろすことが重要！　そのためには下半身を固定せず、大きなスイングになるよう心がけましょう！

たほうがスピードが出ます。

　では、本当に捻転差は必要ないのでしょうか？

　いいえ、大事なのは下半身を止めて作る捻転差ではなく、スイングの中で自然と生まれる捻転差です。

　トップで上半身と一緒に腰が回っていたとしても、ダウンスイングの際に下半身から踏み込むことで、踏み込んだ瞬間に自然と捻転差が出来るのです。

　下半身を止めて作った捻転差のある「低いトップ」よりも、「深い・高いトップ」のほうが、ヘッドスピードは上がります。

　それはダウンスイング時の下半身からの踏み込みによって結果的に「捻転差」が生まれるためです。

08

ボールを見続けるとバックスイングで胸が回らなくなる

ボールを見続けることによって、腰から上を十分に回すことが出来ないため、トップの位置も低くなってしまいます。

トップが低くなってしまう人の原因として、「ボールをずっと見てしまう」ということがあります。「見ていないとボールに当たらないのではないか」という不安から、どうしてもボールを見続けてしまうのです。

しかし、ボールを見続けている状態で身体を回そうと思っても、60頁でお話ししたように胸を90度以上回すことは難しいでしょう。

ボールを見続けることで胸が回らず手だけで振り上げる→振り子の力を利用出来ない→ヘッドスピードが上がらない→飛距離が伸びない、という悪循環に陥ってしまいます。

ですから、身体をしっかりと回すことを優先し、ボールをジーッと両目で見続けないようにしましょう。

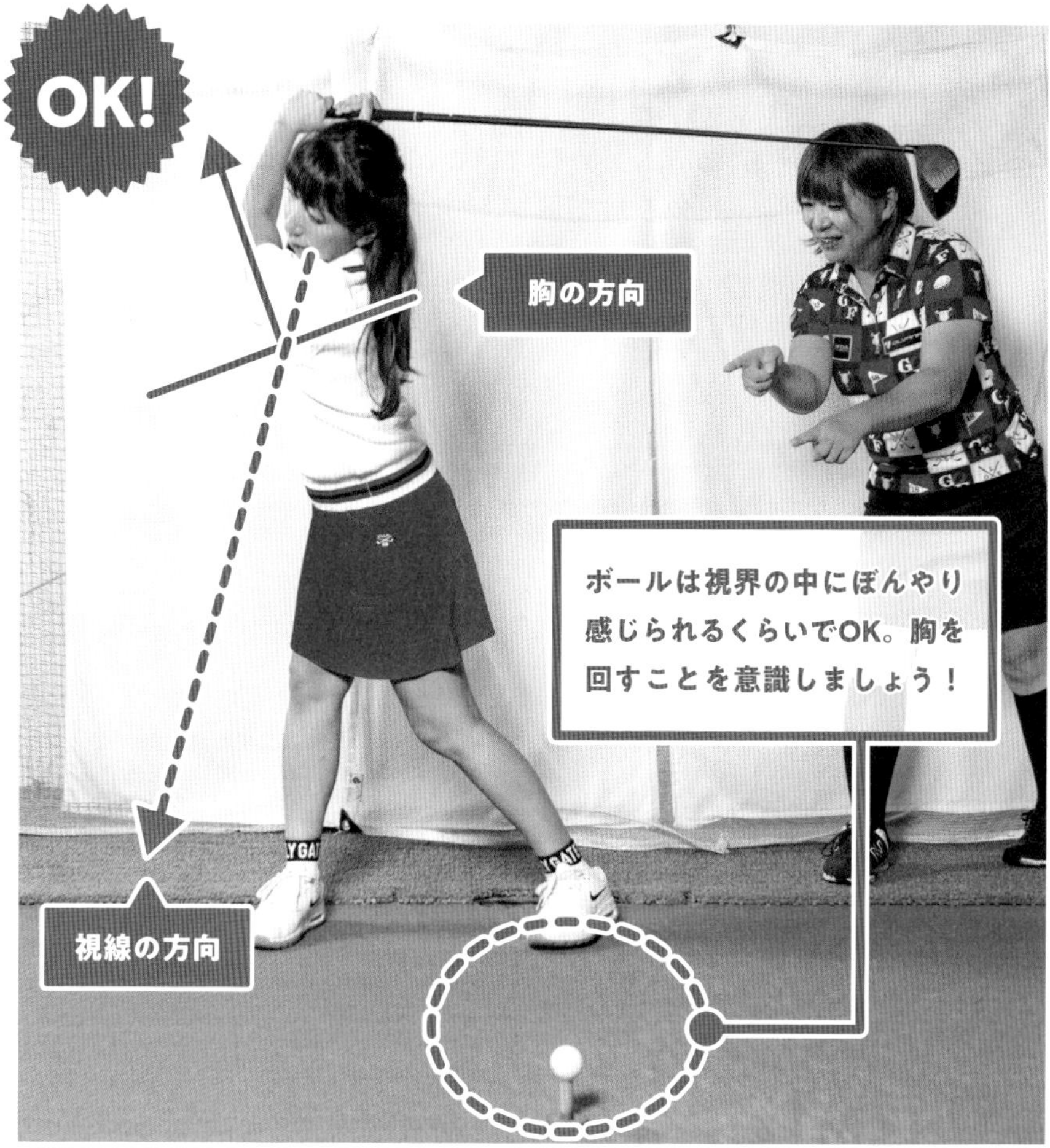
OK!
胸の方向
ボールは視界の中にぼんやり感じられるくらいでOK。胸を回すことを意識しましょう!
視線の方向

ボールは自分の視界の中に何となく、ボヤっと入っていれば十分です。構えた際の視線を右脚の前くらいに据えつつ、視界の中にボールが感じられるような状態、と言えばいいでしょうか。それくらいの意識でいれば、上半身が十分に回せます。

レッスン時にこの説明をすると、「先生、ボールが見えなくなっちゃうから当たらないよ」という方が多くいらっしゃいますが、「当たらなくていいんです!」。

何度も言いますが、今は速く振る感覚を覚える段階です。ボールに当たらなくても、ナイスショットでなくてもいいのです。ボールは視界に何となく捉える程度で、上半身を回すことを意識するようにしてください。

09 バックスイングで身体の前面は「厚み分」だけ右に動くが正解

目の位置を動かさず回ると、背骨の軸が左右に振られたスイング（リバースピボット）になってしまいます。

「胸を大きく回そうとすると、頭がちょっと右に動いちゃうんですけど、いいんですか」という質問を受けることがあります。

『問題ありません。きちんと回転出来ている証拠です』というのが、その質問への答えです。

ゴルフのスイングは背骨・首の付け根を軸に身体を回転させます。しかし、自分の意識は目のついている身体の前面にあるので、身体の背面（軸）を動かさずに回転させると、自分の意識としては、身体の厚み分だけ右に動いたように感じるのです。

逆に自分の前面、顔や目の位置を動かさないように回転すると、身体に厚みがある分、背骨を動かさないといけません。つまり、背骨という軸をブレさせてしまうことになります。

OK!
意識（目）
背骨を軸に回るので、身体前面の目（意識）は、厚み分だけ右に動いたように感じます。
軸（背骨）

スイングして頭が右側に動くことは当然で、背骨を軸に回転出来ている証拠ということですね。

身体の前面はバックスイングでは右側に動きますし、ダウンスイング以降では回って左側に動きます。

つまり、スイング時に身体の前面は、背骨を軸に身体の厚み2枚分ぐらいは左右に動いているのです。

そのことをわかっていないと、身体の前面を軸と勘違いし、逆に背骨の軸を左右に振るギッタンバッコンスイング（ゴルフ用語でリバースピボットと呼ばれる状態）になってしまうので注意しましょう。

頭を動かさない意識を持つと、58頁などで説明した「下半身の重心移動を使ったバックスイング」も上手く出来なくなってしまいます。

10 シャフトのしなりを使って飛ばす

シャフトのしなりとは？

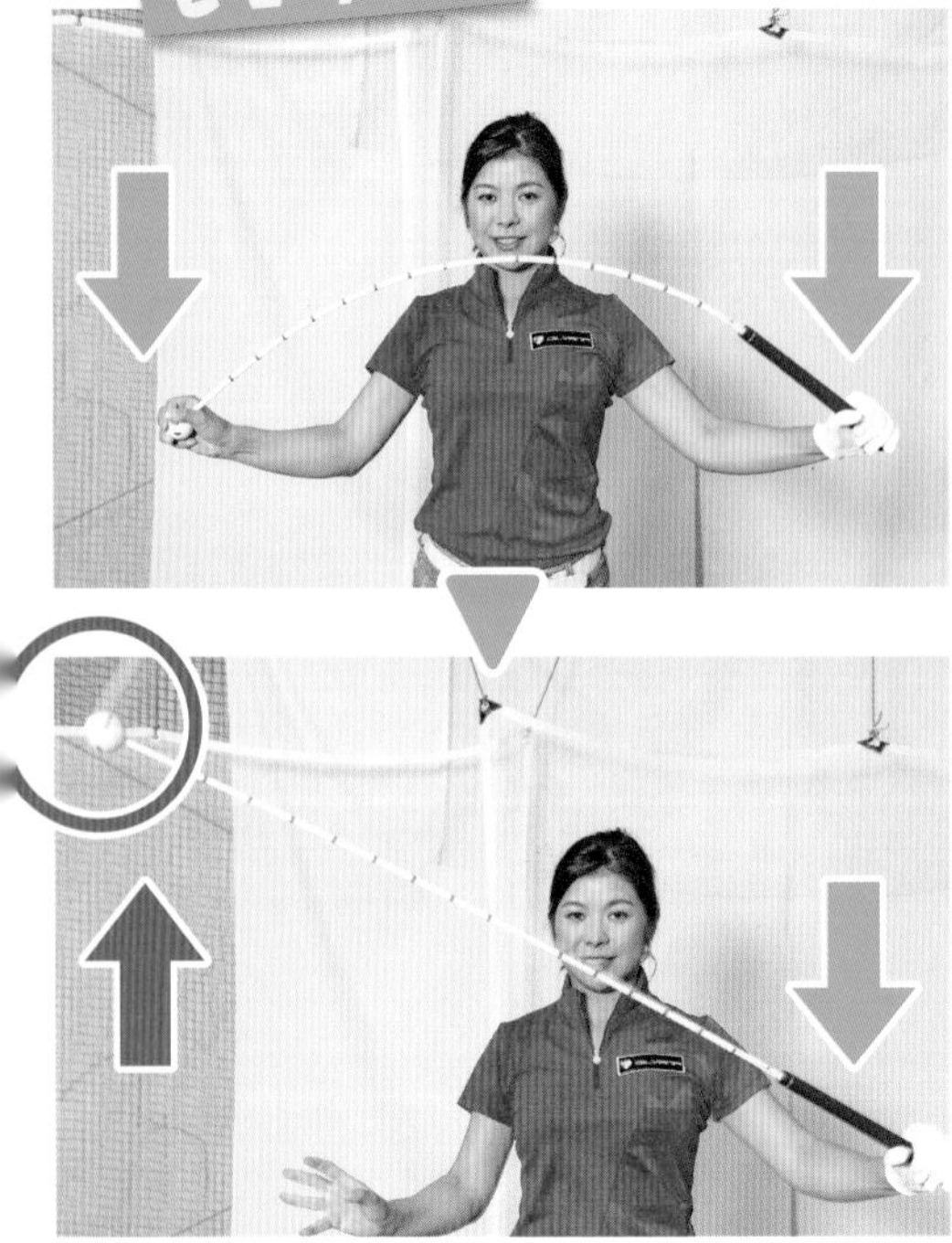

加わった力の分だけ、離した時に反対方向への力になる。シャフトのしなりが強ければ強い程、ボールに加わる力は強い。

飛距離を伸ばすには、シャフトの「しなり」を使うことも重要です。トップまで振り上げた際にヘッドが下に向かう力が強ければ強い程、切り返しによる逆方向への力と引き合って「しなり」を生みます。

バックスイングのスピードが速ければ速い程、ヘッドの下に向かう力が強くなり、切り返した瞬間にシャフトがしなりやすくなるのです。

つまり、ゆっくりバックスイングするよりも、ある程度スピードがあったほうがいい。

しかし、バックスイングを速くと言うと、多くの方が自分の腕力で速く上げようとしてしまいます。繰り返しになりますが、それでは振り子運動になりません。あくまでも振り子運動を利用してスピードを上げる

しなりを強くするためのPOINT 7

バックスイングのスピードを速くする

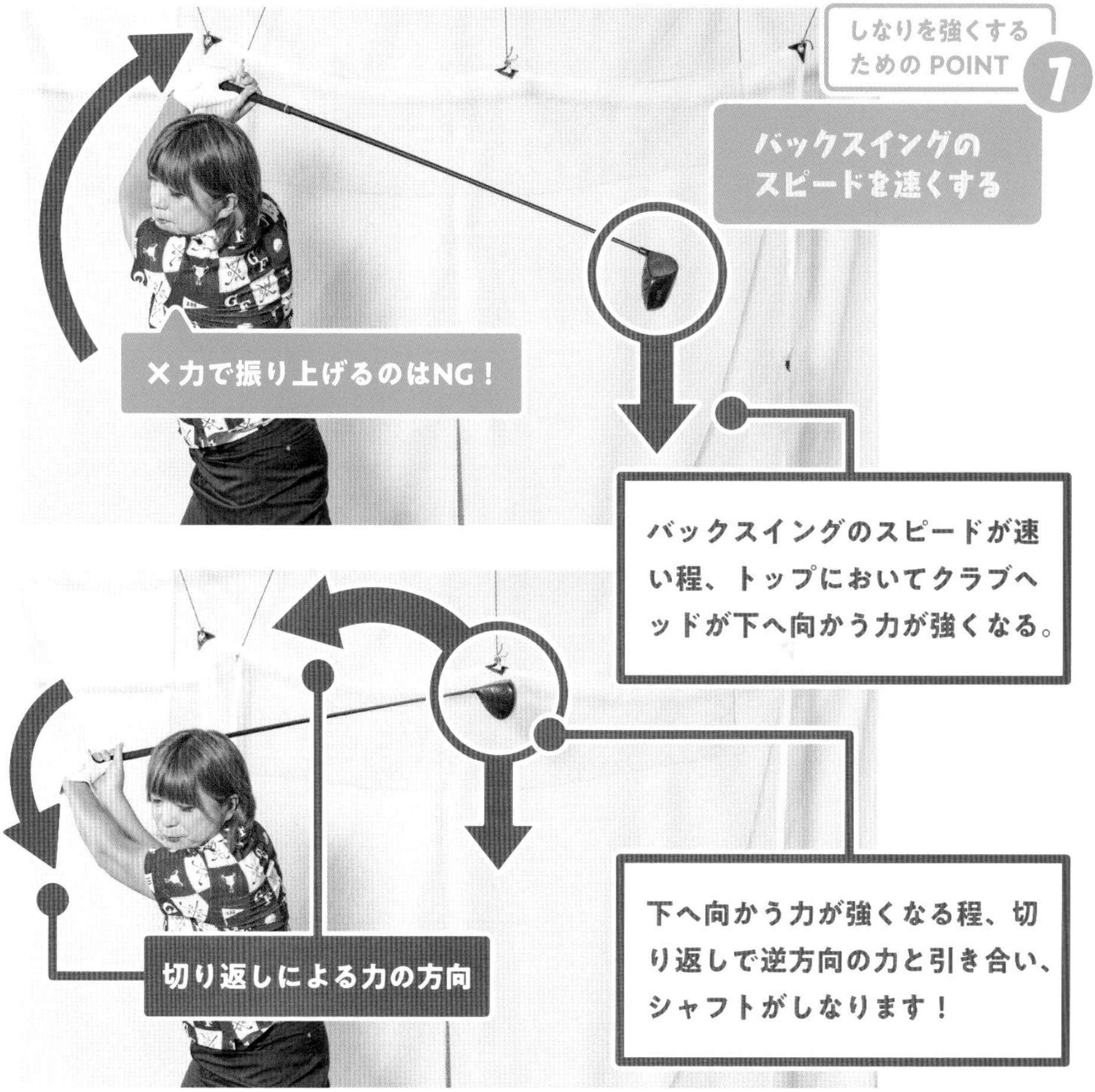
×力で振り上げるのはNG！
バックスイングのスピードが速い程、トップにおいてクラブヘッドが下へ向かう力が強くなる。
切り返しによる力の方向
下へ向かう力が強くなる程、切り返しで逆方向の力と引き合い、シャフトがしなります！

ようにしましょう。

もうひとつのポイントは、どの状態の時に「クラブヘッド自身」が一番下に向かう力を持つのか、ということです。

クラブのグリップを握って、「❶ヘッドを上に掲げるように斜めに持つ」、「❷クラブが地面と水平になるように持つ」、「❸ヘッドを下に向けて斜めに持つ」、の3つを試してみてください。

いかがでしょうか。❸→❷→❶の順で重さを感じませんでしたか？

そう、クラブヘッドは下に垂れれば垂れる程、下に向かう力が強くなるのです。

ですから、トップで切り返す際はクラブヘッドがなるべく下を向くようにスイングしましょう。そうする

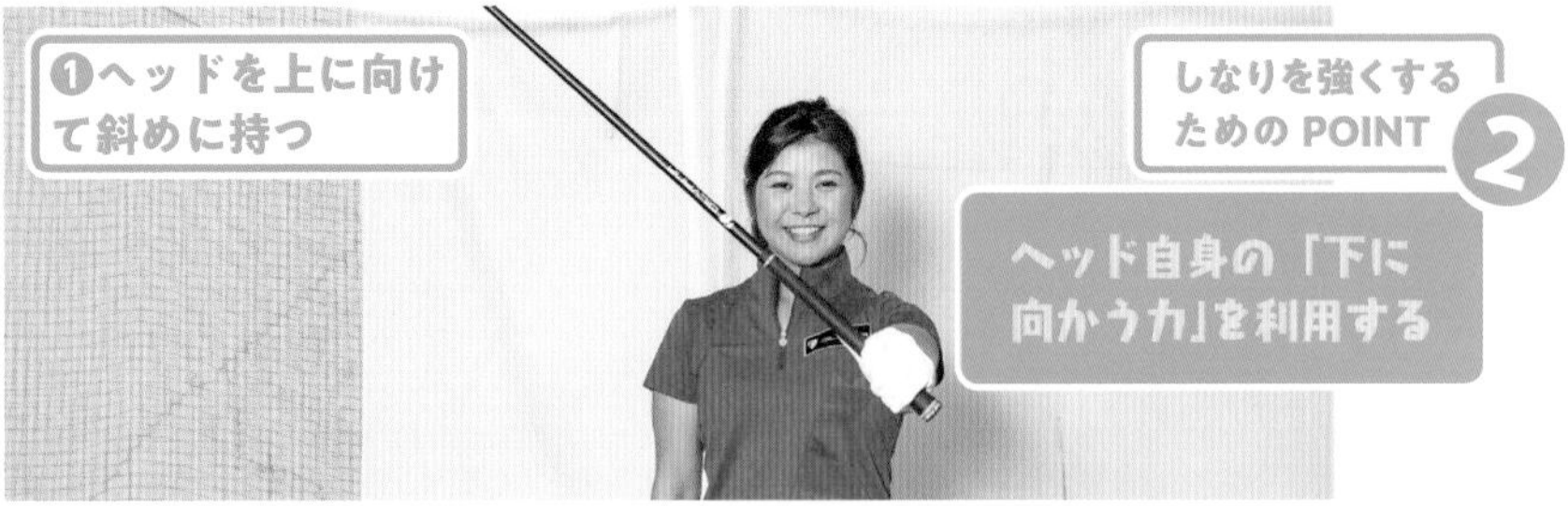
❶ヘッドを上に向けて斜めに持つ
しなりを強くするためのPOINT 2
ヘッド自身の「下に向かう力」を利用する

❷クラブが地面と水平になるように持つ

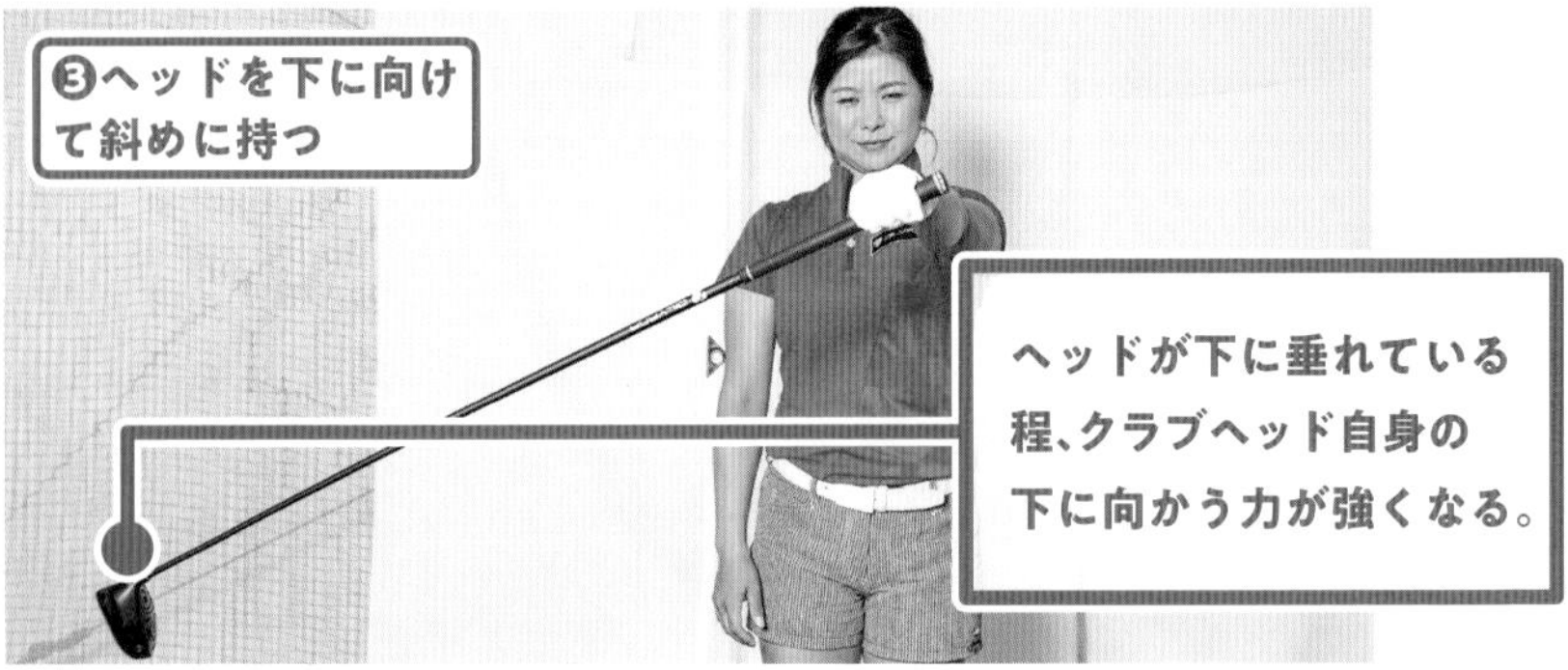
❸ヘッドを下に向けて斜めに持つ
ヘッドが下に垂れている程、クラブヘッド自身の下に向かう力が強くなる。

ことで、シャフトのしなりが強くなって飛距離が伸びやすくなります。

また、しっかりとヘッドを垂らすには、グリップの握り方も重要です。手にギュウっと力が入っていては、ヘッドは下に垂れません。36頁でお話ししたように、「超ゆるゆる」に握ることで、ヘッドが自然と下へ下がります。

トップにおいてもまだゆるい状態を作れていることが大切なのです。トップの切り返しまでは超ゆるゆる、そこから切り返す瞬間にギュッと力を入れる。そうすることで、シャフトのしなりを最大限に使うことが出来るでしょう。

もちろん、これはヘッドスピードを上げるための練習法です。実際のコースでヘッドを大きく垂らしてオーバースイングすることをすすめているわけではありません。シャフトのしなりを作る練習としてやってみてください。

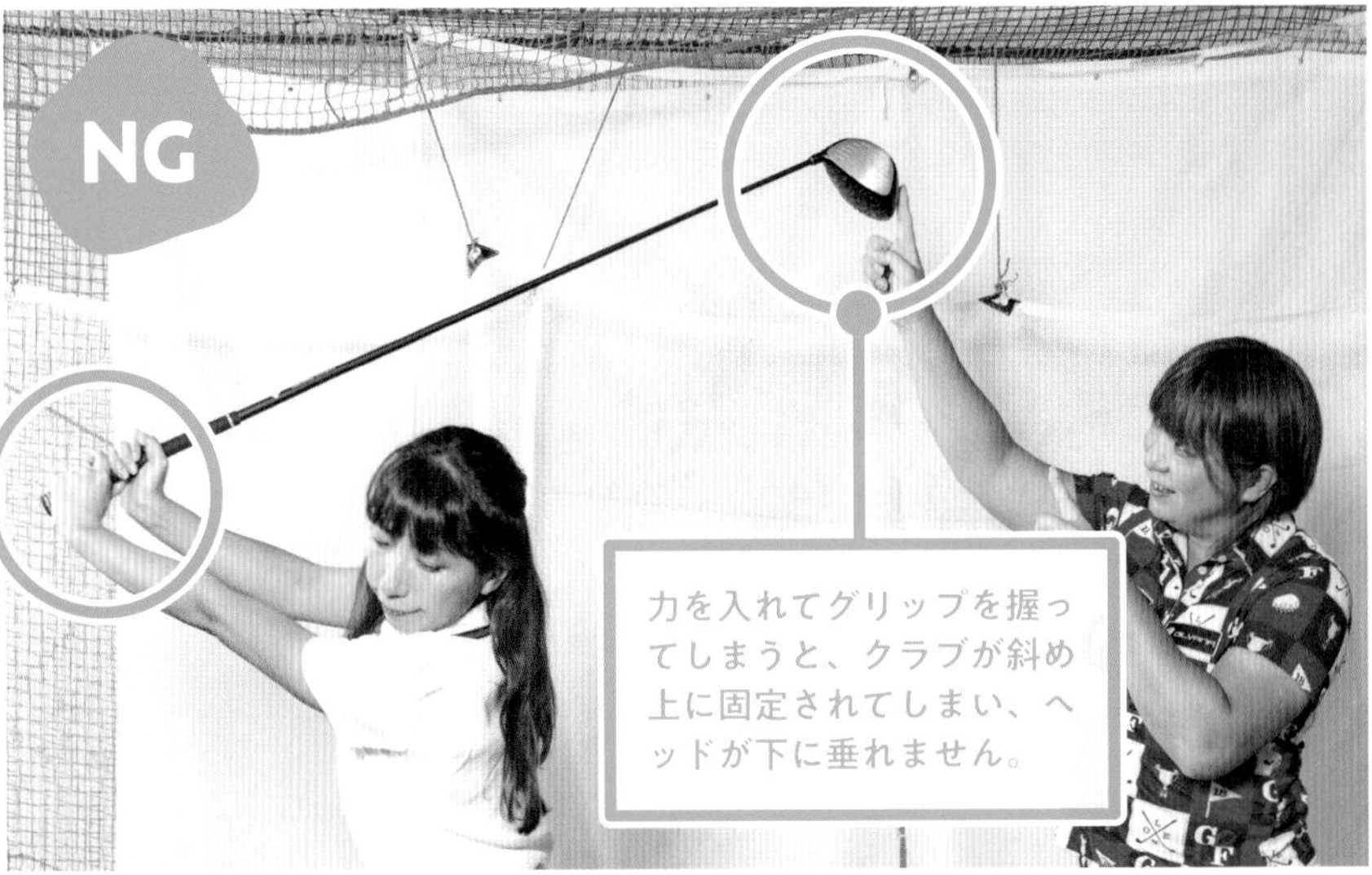
NG
力を入れてグリップを握ってしまうと、クラブが斜め上に固定されてしまい、ヘッドが下に垂れません。

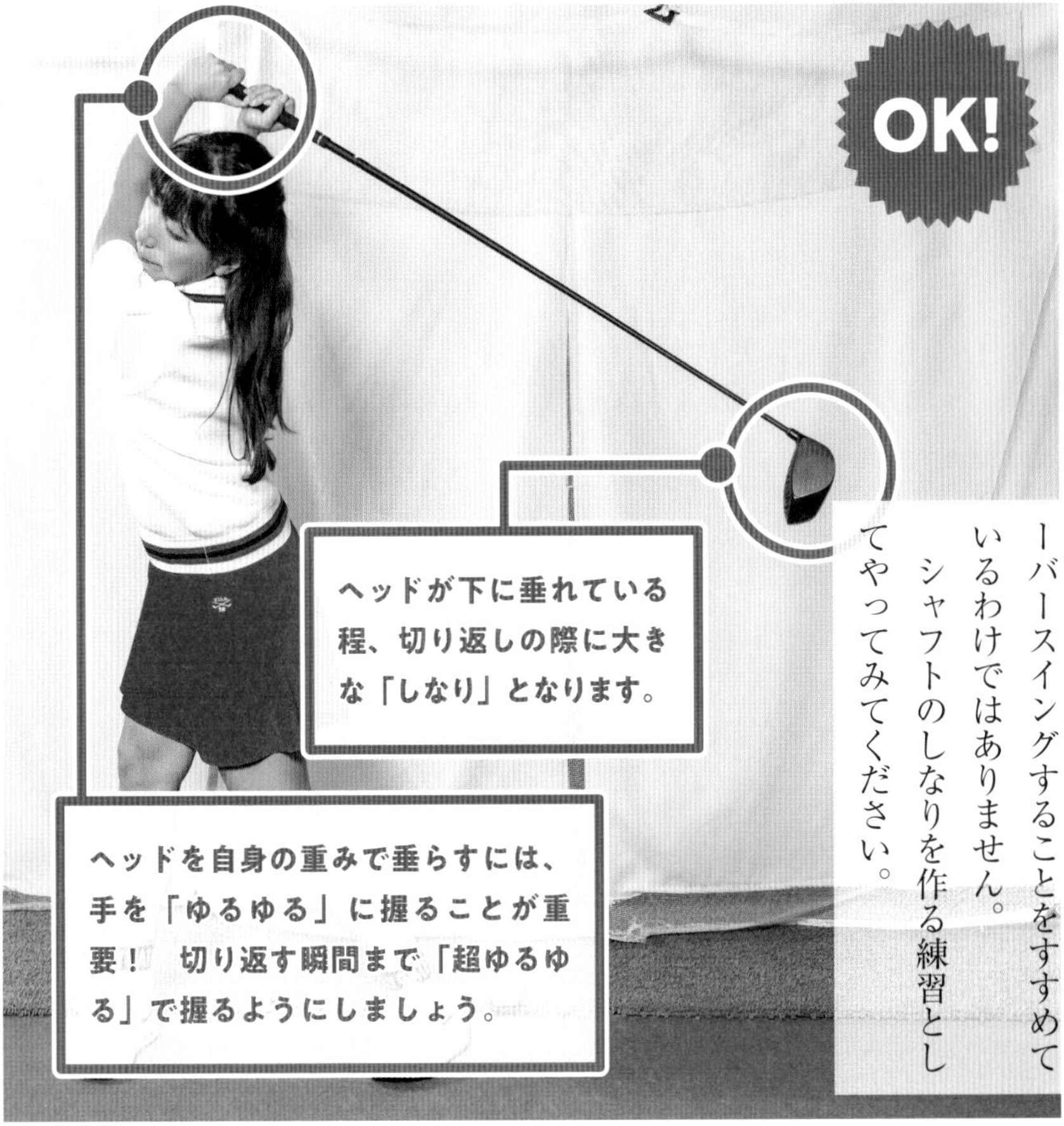
OK!
ヘッドが下に垂れている程、切り返しの際に大きな「しなり」となります。
ヘッドを自身の重みで垂らすには、手を「ゆるゆる」に握ることが重要！　切り返す瞬間まで「超ゆるゆる」で握るようにしましょう。

右足を少し後ろに引いたクローズスタンスに構える

コラム・3

これまで「胸を深く回しましょう」「バックスイングを大きくしましょう」とお話ししてきましたが、「それでも回らない！」という方もいると思います。

そのような方は『クローズスタンス』と呼ばれる、「右足を後ろに引いた構え方」を取り入れてみてください。これを行うと、右足を引いた分、胸を大きく回すことが出来ます。

「真っ直ぐ立たなくては」と思う方もいらっしゃるでしょうが、足を引いても問題ありません。

この『クローズスタンス』について、「真っ直ぐ構えた状態から、ただ右足を後ろに引くんですか？　それとも、身体ごと右側に向くんですか？」と質問をいただくことがあるのですが、これは「どちらでもOK」です。

腰・胸が回りにくいのであれば、身体全体をちょっと右側に向けてあげます。

そうすると、かなり腰が回りやすくなり、トップも大きく回せます。

「回せない！」という方は、よく「身体が硬いから」と仰っしゃいますが、64頁でも説明したように、捻転差は下半身の踏み込みで作ることが可能です。

十分に回せない理由は、実は下半身を止めてしまっていたり、ボールを見続けることによって上半身が回転出来ていない、といったことにあるのです。

「身体が硬い」というのは、言い訳や思い込み！

少し大袈裟気味に、右を向いてしまう程、右足を後ろに引いてもらえれば、誰でも大きく腰を回せます。

いかがでしょうか？「回りにくい」と感じる方に「そんなことはないですよ！」と伝われば嬉しいです。

4

ヘッドスピードが上がるダウンスイング

ダウンスイングで飛距離は決まる

ここまで、ヘッドスピードを上げるための原理、アドレス、バックスイングと、順を追って説明してきました。

そして最後は「ダウンスイング」。ここでのヘッドスピードが速くなればなる程、インパクトでボールに伝わる力が強くなります。ここまでに解説し練習してきたことを最大限に活かせるよう、インパクトまでの最後の動作、ダウンスイングについても一つひとつ確かめていきましょう。

01

9時—3時は方向性！飛距離を出すには1時—8時で振る！

9時—3時のスイング

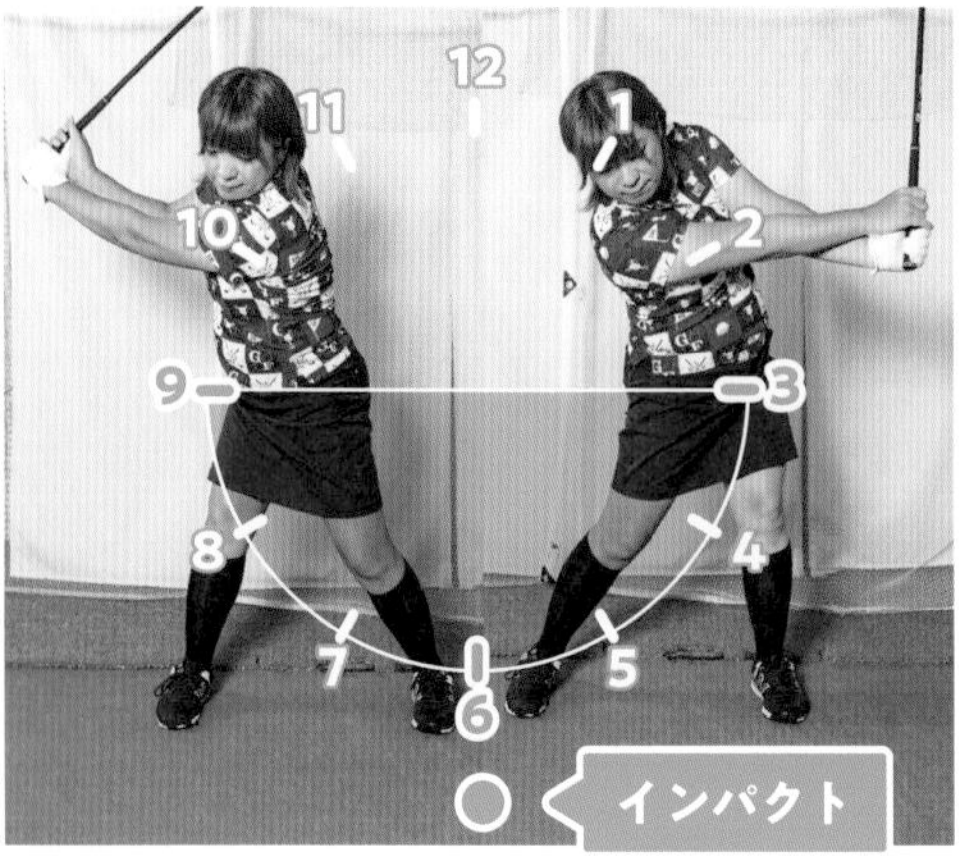

9時から3時の間に力を入れて振っても、ボールには9時から6時の間に振った分の力しか伝わりません。

一般的なゴルフメソッドでは、スイングを時計に見立ててトップを12時とした場合、「9時から3時までの間に力を入れて振りましょう」と言われていることが多いと思います。

もちろんこれは方向性を良くすることや、スイングの精度を上げていく意味ではとても重要で正しいことです。

しかし、9時から3時までのスイングを半円と捉えると、インパクトが6時の位置となり、ボールに伝えられるスイングの力が半円の更に半分になってしまいます。これではインパクトまでの助走距離が短く、スピードが出ません。

振り子の力を最大限ボールに伝えるためには、スイングの半円をボールの前で振り切る必要があります。

1時―8時のスイング

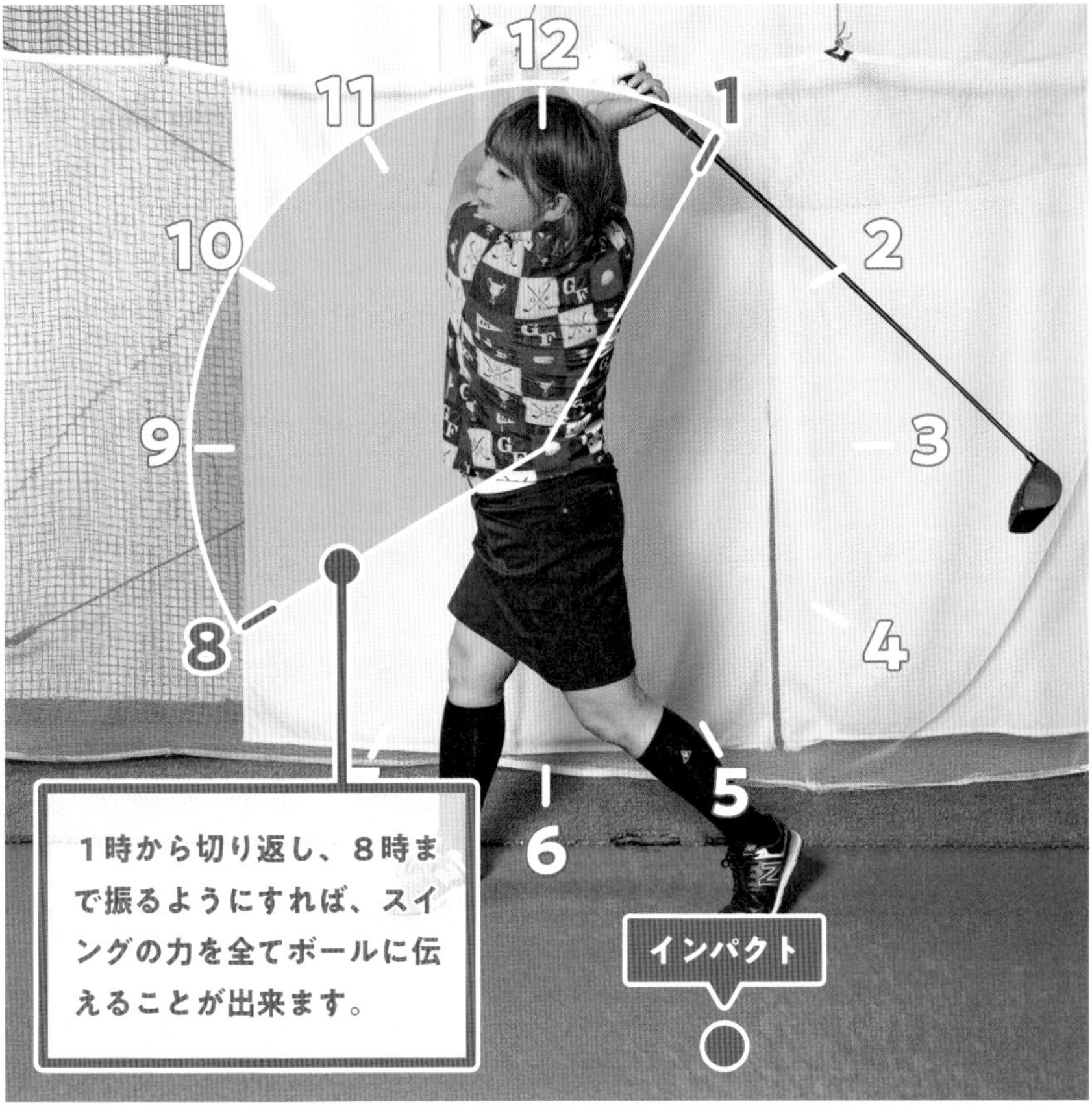
12
11
1
10
2
9
3
8
4
5
6
1時から切り返し、8時まで振るようにすれば、スイングの力を全てボールに伝えることが出来ます。
インパクト

つまり、9時から3時のスイングを90度回転させて、12時から6時までで半円を描くイメージです。

更に言えば、12時まで回すイメージだと、その手前の11時くらいで止まってしまう人が多いため、1時くらいまで回してから振り下ろすイメージを持つといいと思います。

本来なら1時から振り始めるとスイングが半円を描くのは7時の位置ですが、26頁でもお話ししたように、力を入れるのは切り返しから9時までの間だけです。

そうは言っても9時までの間に力を入れてその後に脱力するイメージを持つことは難しいので、最初は8時くらいまでを全力で振るイメージを持つとやりやすいと思いますよ。

02

タオル振り練習で「腕の振り下ろし」を脳に記憶させる

もっと詳しく！
動画解説

ＪＰＤＡメソッドの基本ドリルとも言える「振り子の力をトップで受け止め、切り返しで一気に振り下ろす」、この感覚を身に付けるための練習法をご紹介します。

まずはタオルを1枚ご用意いただき、片方の先を固く結んでください。そして、結んでいないほうの端をつかみ、いつも通りにスイングしてみましょう。上手く振れると大きな風切り音が鳴ります。

さて、良い音は鳴りましたか？鳴らなかった方は、次の2つのポイントに気を付けてみましょう。

1つ目は「バックスイングの力をトップで受け止めきる」ことです。切り返しが早いと、上がって来た振り子の力を十分にダウンスイングへ伝えられません。このタオル練習の

タオルの片方の先を固く結び、結んでいないほうの端をつかんで使用します。

場合は、結び目がトップを過ぎて左の背中に当たった瞬間、これが受け止めきった瞬間です。背中に当たったことを確認してから振る、ぐらいで構いません。これを待たずに振ろうとしても、上手く振れないのです。

2つ目は、前頁で説明した1時から8時の間に「腕を使って」振り下ろすことです。切り返しから一気にスピードを出すためには、身体の回転だけでは力不足。腕をしっかり振り下ろさないとスピードが出ず、音も鳴りません。身体は右を向いたまま、腕だけを振り下ろすイメージで練習してみてください。

なぜクラブでなくタオルで練習？と思う方もいるでしょう。これは、クラブを握ってしまうと「ボールに

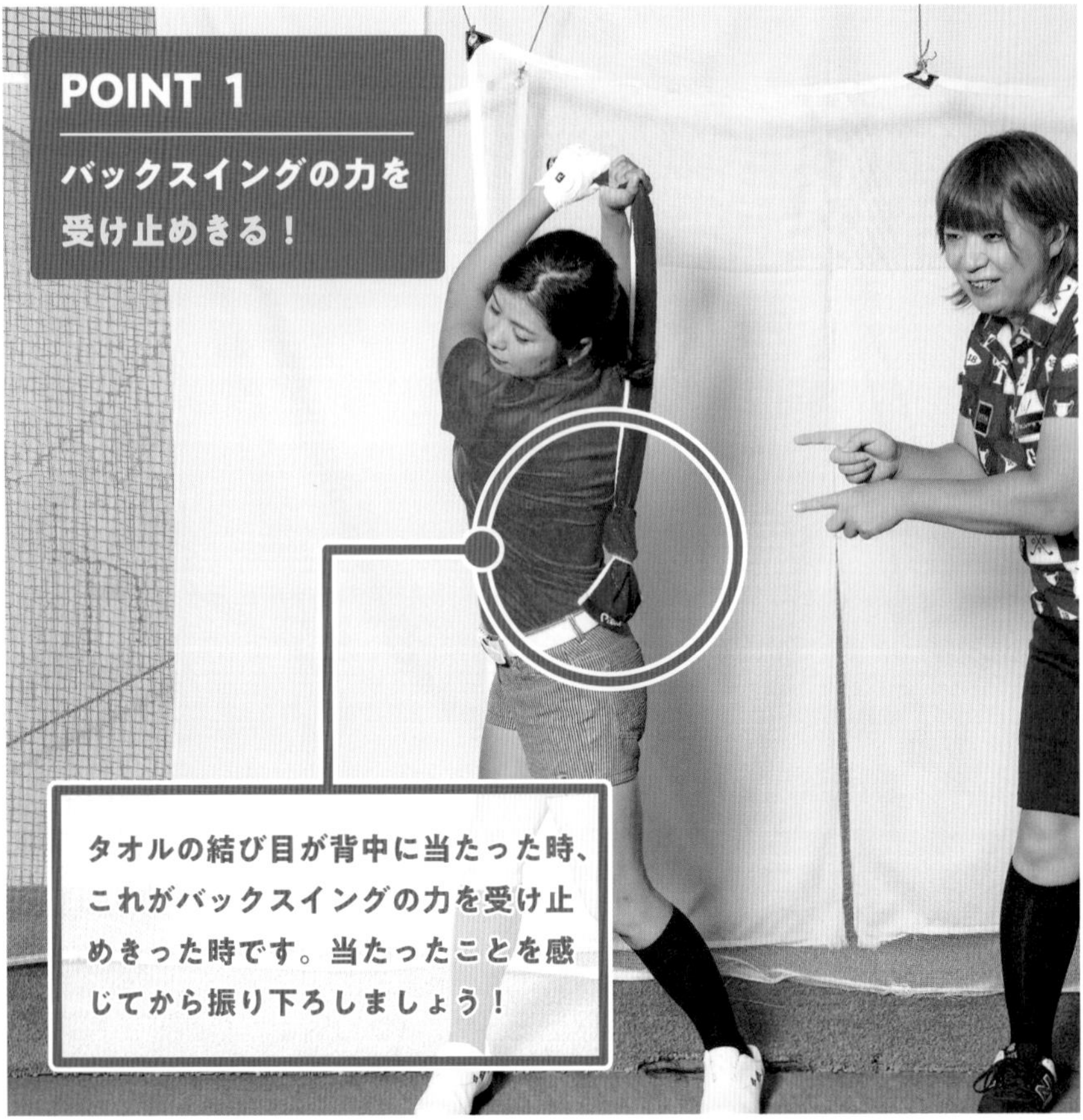
POINT 1
バックスイングの力を受け止めきる！
タオルの結び目が背中に当たった時、これがバックスイングの力を受け止めきった時です。当たったことを感じてから振り下ろしましょう！

当てたい」といった雑念が、あれこれ出てきてしまうから。

おそらくほとんどの方が、ボールを打ちながら右上で速く振ろうと思っても上手くは出来ないでしょう。ゴルフクラブは重量もありますし、インパクトは右上にはありません。イメージがわかず、ダフってしまったり、逆にスピードが落ちてしまうことすらあると思います。

だからこそ、ボールを打つのではなくタオル振り練習をしていただきたいのです。必要なのは「腕を速く振り下ろす」感覚を脳に覚え込ませることであり、そのためには腕の振り下ろし1点に集中して、ブンブンどんどんタオルを振り下ろしましょう！

この感覚を脳が覚えてしまえば、練習場やコースで、いつも通りの感

POINT 2

腕を速く振り下ろす！

身体の右サイドで腕を振り下ろす練習です。身体が回転してしまうと右サイドで腕を振り下ろせなくなってしまいますので、右を向いた状態で腕だけを振り下ろしましょう。

このタオル練習の際は身体を回転させなくても大丈夫です。腕を速く強く振り下ろせるように、何度も振って脳と身体で感覚を覚えましょう！

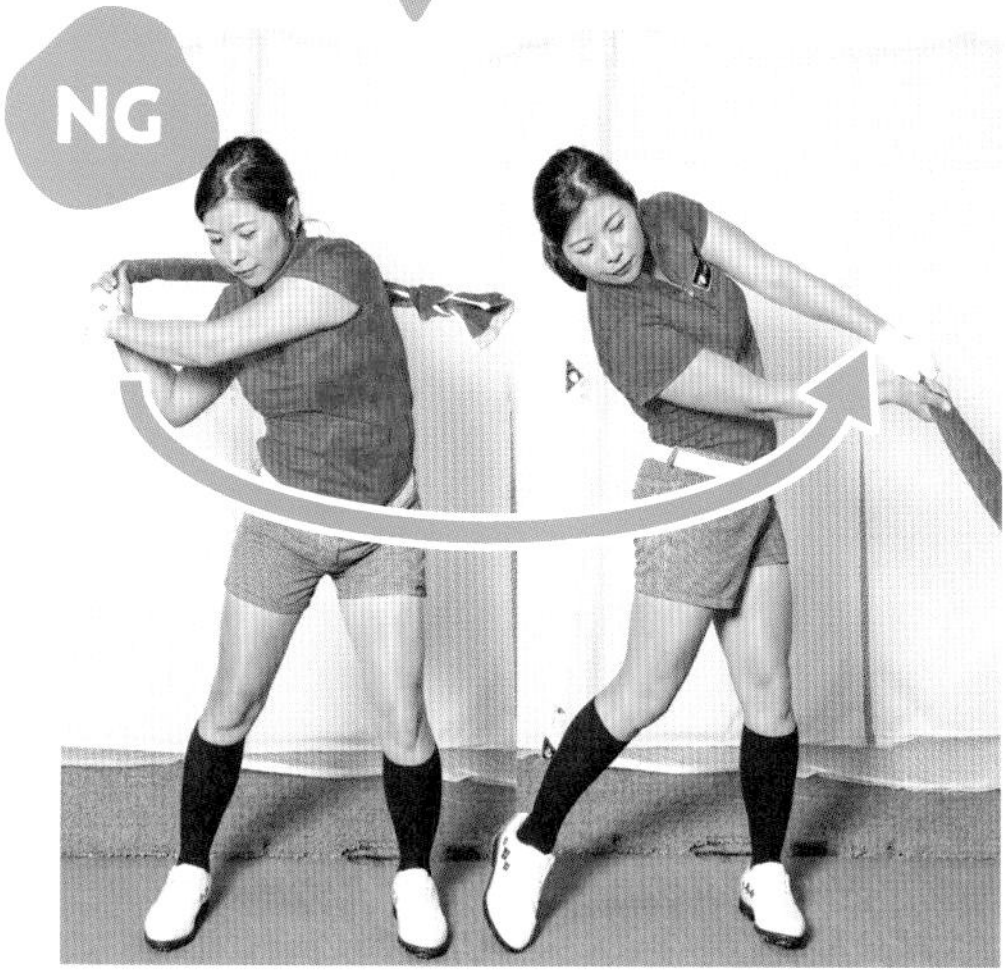

覚で振っても、無意識に速く腕が振り下ろされ、自然とヘッドスピードも上がります。

意識しないと出来ないのは、まだまだ自分のものにはなっていないということ。「無意識でも身体が練習通りに動く」、この感覚を目指して繰り返し練習していきましょう。

03

タオルを振り「右上で音を鳴らす」練習

身体の右上で音が鳴るのが理想。身体の右下や、左側で鳴るのでは、スピードに乗るのが遅すぎます。

さて、ここまでで覚えたことを踏まえ、タオルを振ってみましょう。良い風切り音が鳴っているなら、どこで鳴っているのか確認してみてください。身体の右下側や左側で鳴っている方はいませんか？

音の鳴っている場所が十分にスピードが乗っている場所です。身体の右下側から左側にかけて鳴っていては、インパクトに間に合っていませんよね。身体の右上から良い音が鳴ることが理想なのです。

そのためには、60頁でお話ししたように、バックスイング時に胸を右上へ向けることを意識しましょう。そして76頁のように1時から8時までの間に腕を振り下ろしてください。

また、切り返しから手首のコックをほどかないように意識しましょう。右上で振るイメージを持つと、切り

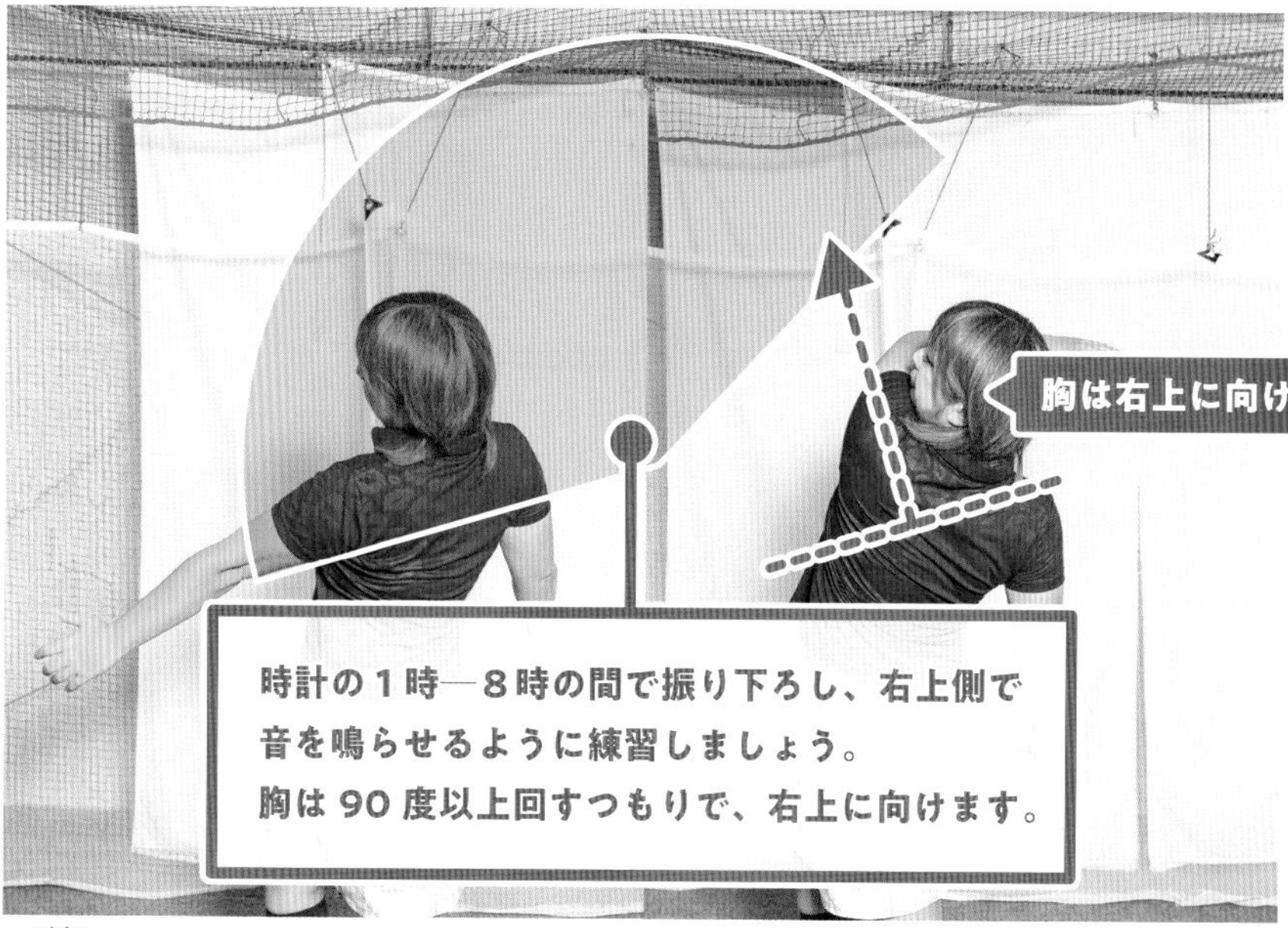
胸は右上に向ける
時計の１時―８時の間で振り下ろし、右上側で音を鳴らせるように練習しましょう。
胸は 90 度以上回すつもりで、右上に向けます。

OK!
切り返す際は、コックをほどかず腕だけを下に引っ張るイメージ。

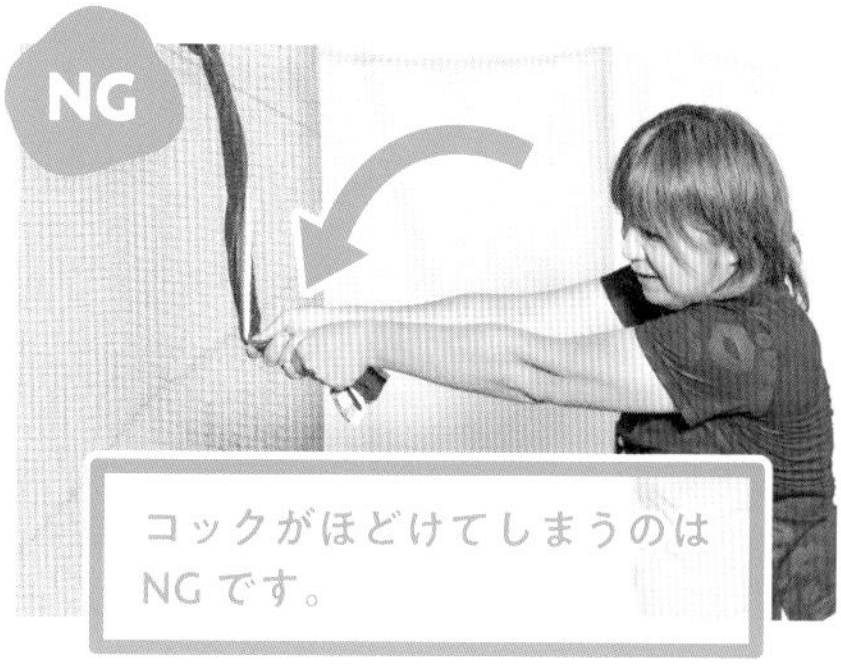
NG
コックがほどけてしまうのはNG です。

返し直後からコックがほどけてしまう方が多いのですが、それはＮＧ。出来るだけコックをほどかず、グリップエンドを地面にぶつけるようなイメージで振ってください。

以上のことに気を付けつつ練習していけば、右上で音が鳴らせるようになるでしょう。

繰り返しになりますが、これはドリル練習です。実際のスイングと形が異なっていても問題ありません。これまで「右上で腕を速く振る」なんて経験はしたことがないですよね？ 経験していないことは出来ませんから、まずはゴルフスイングと切り離して考え、右上で腕を速く振る経験を積みましょう。写真の私もゴルフスイングとしては背中が反りすぎですが、これくらい極端に胸を右上に向けてやってみてください。

04 タオルを壁にぶつけるドリル

左足を壁にぴったりつけてください。この時、壁から頭を離して構えないとスイングが詰まってしまいます。

78頁、82頁で紹介したタオル練習を更に発展させたドリルです。

まず、左足を壁にぴったりとくっつけます。その状態のまま、前述したようにタオルを振り、全力で壁に叩きつけてください（腕をぶつけないようご注意ください）。

どうでしょう？　バシッと強い音が出ましたか？

出ている方は、インパクトまでにしっかりスピードが出ています。

出ない方は、インパクト前ではなくフォロースルー側でスピードが出るように振っているのかもしれません。

これは「インパクト前にスピードを上げ、ボールに伝える力を強くする（＝音を強く鳴らす）」ための練習です。加えて、78頁でお話しした「腕をしっかり振り下ろす」感覚を狙うのは壁のなるべく低い位置。腕を上から振り下ろして叩いてください。壁を叩くまでに十分な力を乗せられないと、強い音が出ません。

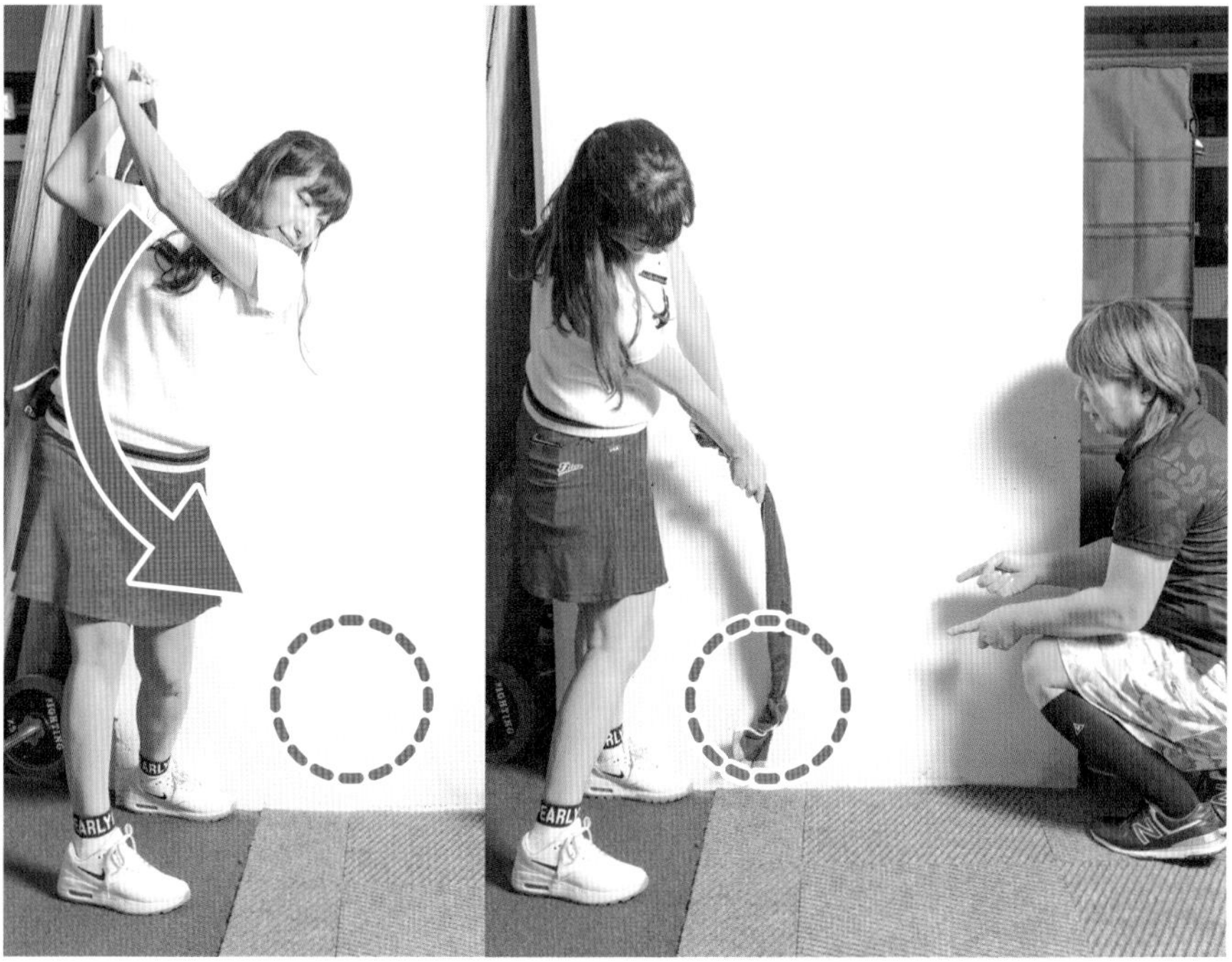

覚えるためにも役立ちます。
また、壁があるのでインパクトから先を振ることが出来ないため、右サイドで速く振れないと大きな音が鳴りません。78、82頁のドリルではフォロースルーまで振ってしまう方も多いのですが、このドリルでは強制的にフォローを遮断するため、より右サイドを速く振れるようになるのです。
壁際に立つ際は、アドレス時に頭と壁が離れていることを意識しましょう。40頁でもお話ししましたが、頭が壁に近づいてしまうと、詰まってしまい上手く叩けません。離れていたほうが腕はスムーズに走ります。
いい音が出るまで何回も壁を叩き、インパクト前のヘッドスピードをより速くしていきましょう。

05 タオルドリルをすると誰もが左肘を柔らかく使う

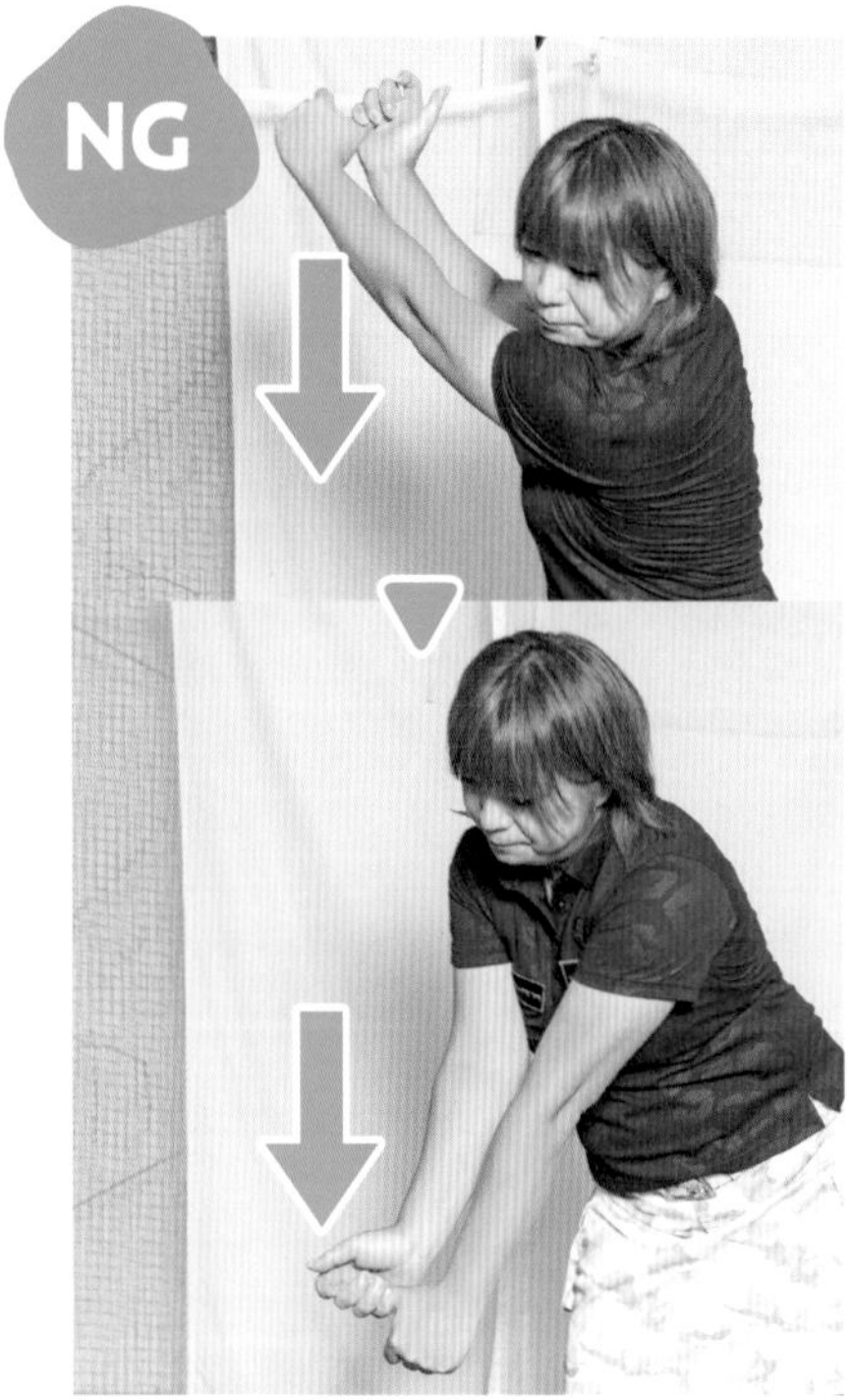

左肘を伸ばして振り下ろすと、腕に力が入ってしまい振り子の力を十分に使えません。ヘッドスピードも落ちてしまいます。

これまでのタオル練習で、タオルを振る際に左肘が柔らかく曲がっていたことを、皆さんはお気付きになりましたか？　試しに左肘を伸ばした状態でタオルを振ってみてください。上手く振れないと思います。

これはスイングも同じです。左肘を柔らかく曲げ、腕を鞭のようにしならせることでスピードを出すことが出来るのです。

ところが、いざゴルフクラブを構えると、途端に左肘を伸ばしてしまう方が多いです。確かに腕を伸ばしたスイングは綺麗かもしれません。しかし、それでは腕に力が入ってしまい、振り子にもなりませんし、速くも振れません。

プロのような筋力があれば回転スピードだけでそこそこ飛ぶかもしれ

左肘を柔らかく曲げて振り下ろすと、腕が鞭のようにしなり、振り下ろす力が強くなります。振り子の力も利用して、ヘッドスピードを上げましょう。

ドリル紹介

なんでやねんドリル

「なんでやねん」のツッコミが、実はダウンスイング時の左肘の使い方に非常に似ています。手の甲を真っ直ぐ当てるイメージを持つと、フェース面も真っ直ぐ当たりやすくなるんですよ。

ませんが、それも難しいですよね。

左肘を伸ばすとヘッドスピードは落ちてしまいます。左肘を柔らかく曲げて鞭のようにしならせる、これが非常に重要なことなのです。

06

ゆるゆる状態から一瞬だけ力を入れると驚異的な瞬発力が生まれる

アドレスからバックスイングのトップまで「ゆるゆるの脱力状態」でいることとは、振り子の力を最大限利用するために必要である、と繰り返しお話ししてきました。

でも実は、これには他にもメリットがあるのです。

上図のように2人で棒を引っ張り合う実験をします。これはＪＰＤＡメソッドのレッスンでは必修実験なのですが、この時「お互いに力を入れ続けて引っ張り合う」のと「一瞬だけ力を入れて引っ張る」、どちらが強く棒を引けると思いますか？

答えは「一瞬だけ引っ張る」ほうです。

実は、瞬発力は力を入れ続けていては生まれないのです。また、人間の筋肉は力を入れている状態から更に力を加えようと思っても、瞬発力は生み出せません。そのため、一番

お互いに力を入れて引っ張り合う ▶ 瞬発力が使えない

力を入れていない状態から一瞬だけ力を入れる ▶ 爆発的な力が生まれる

力が出る方法は「力を抜いたゆるゆる状態から一気に一瞬だけ引っ張る」というものなのです。

ニュートラルな状態から一瞬で力を入れたほうが、強い瞬発力が生まれるということですね。

これをスイングに応用し、ゆるゆる状態のトップから切り返す一瞬、時計の1時から8時辺りに向かって力を入れると、爆発的なパワーが生まれます。

しかし多くのゴルファーが、この「一瞬」を越えてフィニッシュまで力を入れ続けてしまうため、瞬発力を上手く使えていないのです。

この脱力からの棒引き実験は、可能なら是非試してみてください。一瞬の力による瞬発力を体感し、スイングでの力の使い方に繋げていただけると思います。

07

左足を踏み込めばインパクトが爆発的に強くなる

ここまで、ダウンスイングの1時から8時の間でいかに腕を速く振り下ろせるかというお話や、腕の振りを速くするタオルドリルなどを紹介してきました。

では、腕さえ速く振ることが出来れば、身体は使わなくてもいいのでしょうか？　もちろん、そんなことはありません。

バックスイング時、上半身は右上に向かって90度以上回っています。その時、極限まで身体を右上に上げようと思ったら、自然と左足がつま先立ちになり、カカトが上がってきませんか？

実はこの上がったカカトを「踏み込む力」がとても強いのです。

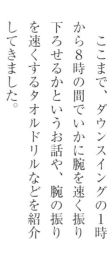

足踏みドリル1

ヒールアップドリル

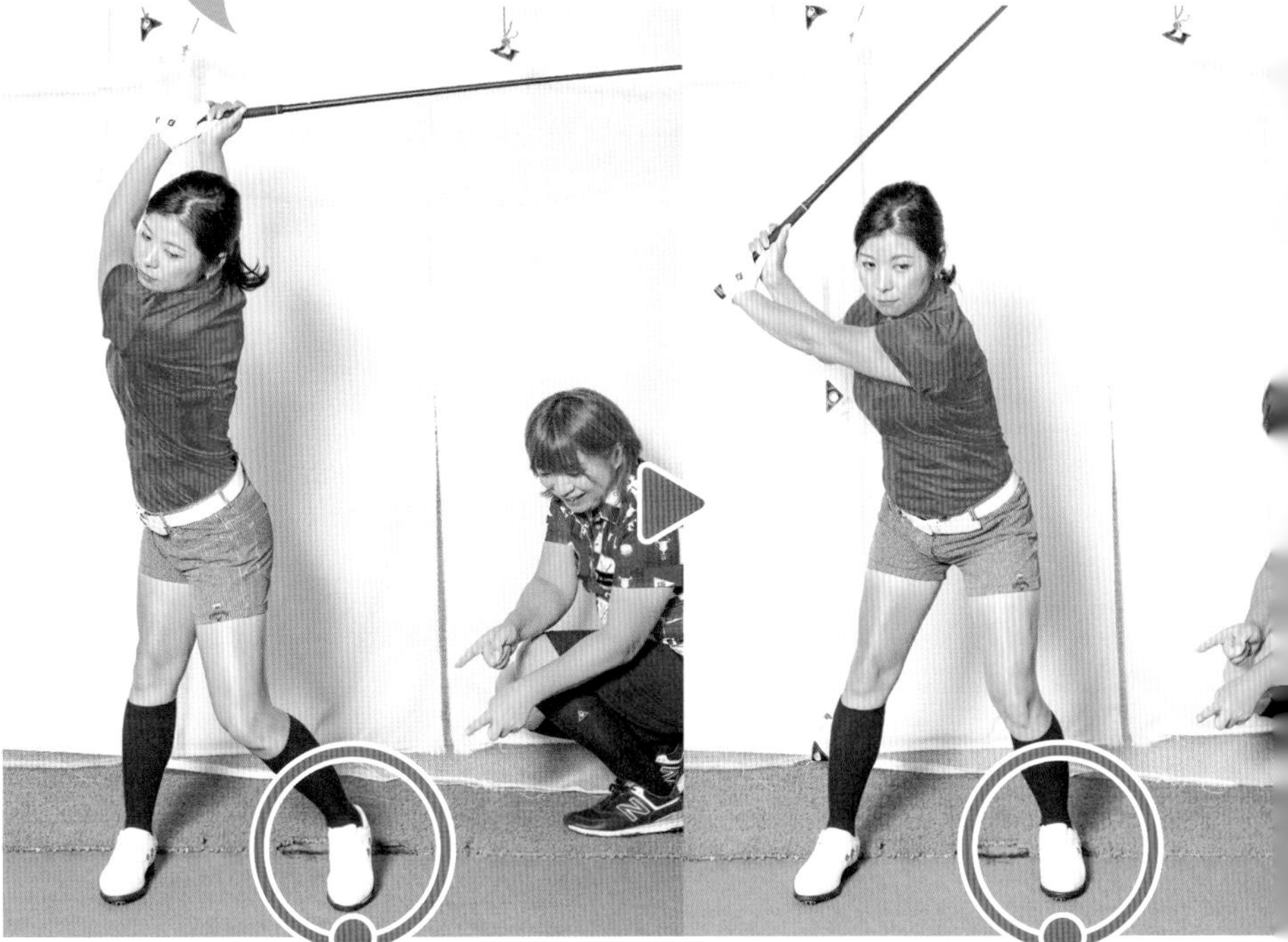

上げたカカトを踏み込みながらダウンスイング！

30頁でお話しした「スイカ割り」のイメージも、左足を上げて踏み込みながら叩いたほうが、強く叩けると思いませんか？

「腕を速く振り下ろす」感覚が脳と身体に染み込んだところで、この「踏み込む力」を利用し身体の回転スピードを上げて、更なるヘッドスピードアップを図りましょう。

では、この「踏み込む」感覚を覚えるドリルを2つご紹介します。

まずは、左カカトを上げて踏み込みながらダウンスイングを行う『ヒールアップドリル』です。

スイングの精度を重視する現在は、下半身を安定させるために足を動かさない（ベタ足）ことが主流です。

左足を踏み込むことで、下半身と
上半身に強い捻転差が生まれます。

しかし、昔はプロでもヒールアップして打つ人もいました。ヒールアップ自体は決して悪いことではなく、上げたカカトを踏み込むことで自然と体重移動が出来て、身体の回転スピードも上がります。

そこから更に踏み込む感覚を覚えるためには、一本足打法のように左足を完全に上げてスイングする『ステップドリル』もおすすめです。

バックスイングの際に左足を上げ、上げた左足を踏み込みつつダウンスイングしてください。

この際「踏み込みが先、スイングを後」という意識を持ちましょう（実際はほぼ同時です）。

上半身がまだ下りていない状態か

足踏みドリル 2 ステップドリル

左足を完全に上げてしまい、踏み込みながらダウンスイングします。

ら下半身だけ先に下りることで、身体がねじれる感覚がよくわかると思います。これが、64頁で紹介した強い捻転差に繋がるのです。

何度もお話ししているように、振り子スイングで力を入れるのは振り子が頂点に達した切り返しの一瞬だけ。あとは出来る限り脱力していることが理想です。

脱力した腕を速く回すには身体の回転を速くしないといけません。そのためにも「踏み込む力」を上手く使っていきましょう。

08

壺破壊のイメージで劇的に飛距離は伸びる！

壺でもインパクトバッグでも、なんでもいいです。インパクトの瞬間に「これを叩くんだ！」というイメージを持ちましょう。

「振り子」の力を利用したスイングについて、ここまで繰り返しお話ししてきました。それでも、ついフォロースルー側で力が入ってしまう方へのお話です。

例えば、ボールの代わりに壺があるとします。その壺を「思いきり叩き割ってください」と言われたら、大きく振り上げ、壺めがけて全力で叩きますよね。小さく振り上げて壺の向こう側（フォロースルー側）で力を入れる人はいないと思います。

しかし、これがゴルフになるとなかなか難しく、フォロースルー側で力を入れてしまう人も多いのです。

ただ、壺であろうとボールであろうと原理は同じ。打点での衝撃で壺は割れるし、インパクトの衝撃値が強ければ強い程、飛距離は伸びます。

ヘッドスピードが上がれば飛距離

もっと詳しく！
動画解説

は伸びますが、これはスピードが上がることでインパクトの衝撃値が強くなるから。自動車が時速30キロで壁にぶつかるのと40キロでぶつかるのとでは、40キロのほうが破壊力がありますよね。つまり、スピードを速める目的は衝撃値を強くすることにあるのです。衝撃値が強くなるように叩けなければ飛距離は伸びません。

　ボールを壺と思い、その壺を叩き割るつもりでスイングすると、力の込め方がイメージしやすいと思います。

　また、こういった練習のための「インパクトバッグ」という製品もあります。実際に叩くとイメージがわきやすいので（クラブで叩くと折れてしまう可能性もありますので、バットや頑丈な棒などで叩いてください）、このようなものを使用して練習するのもいいかもしれませんね。

09

トップで右肘を高くするとダウンスイングが強くなる

脇を締めて引っ張る
×
力が入らない
脇を空けて引っ張る
○
力が入る

天井からぶら下がったロープを強く引くイメージを持つとわかりやすいです。

これまで、バックスイングは「振り上げる」のではなく、振り子運動を利用しオートマティックに「振り上がる」ことが理想であると説明してきました。トップの位置も自分で決めるのではなく、振り子により自然に上がった位置が理想となります。

しかしながら、振り子の意識でバックスイングした際に、どうしても右肘の位置が低くなってしまう方がいらっしゃいます。

一般的なゴルフメソッドでは、よく「脇を締めて身体を回転させて打ちましょう」と言いますよね。しかしそれを意識するあまり、右肘が胸から離れていない、低いトップになってしまう方が多いです。そうなると低い位置から振り下ろすことになるため、当然スピードは上がりません。

右肘と身体が90度以上開いていると、それだけ手元も高く上がります。

脇を締めたままでは、トップの位置が低くなってしまいます。

天井からぶら下がった1本のロープを想像してください。そのロープを両手で強く引っ張るとしたら、脇を締めた状態で引っ張るのと、脇を上げて引っ張るのと、どちらが強く引けるでしょうか？　当然、脇を上げたほうですよね。

以上のことからも言えるように、右肘と身体は、トップで（最低でも）90度は開いている必要があります。ご自身のスイングを確認して、トップで右肘が低かった場合は修正していきましょう。

その場合はドリル練習として、右肘を高くする意識を持ってスイングしてみてください。

ただし、意識的に右肘を高く上げようと思えば、それは振り子でバックスイングするのではなく、自分の

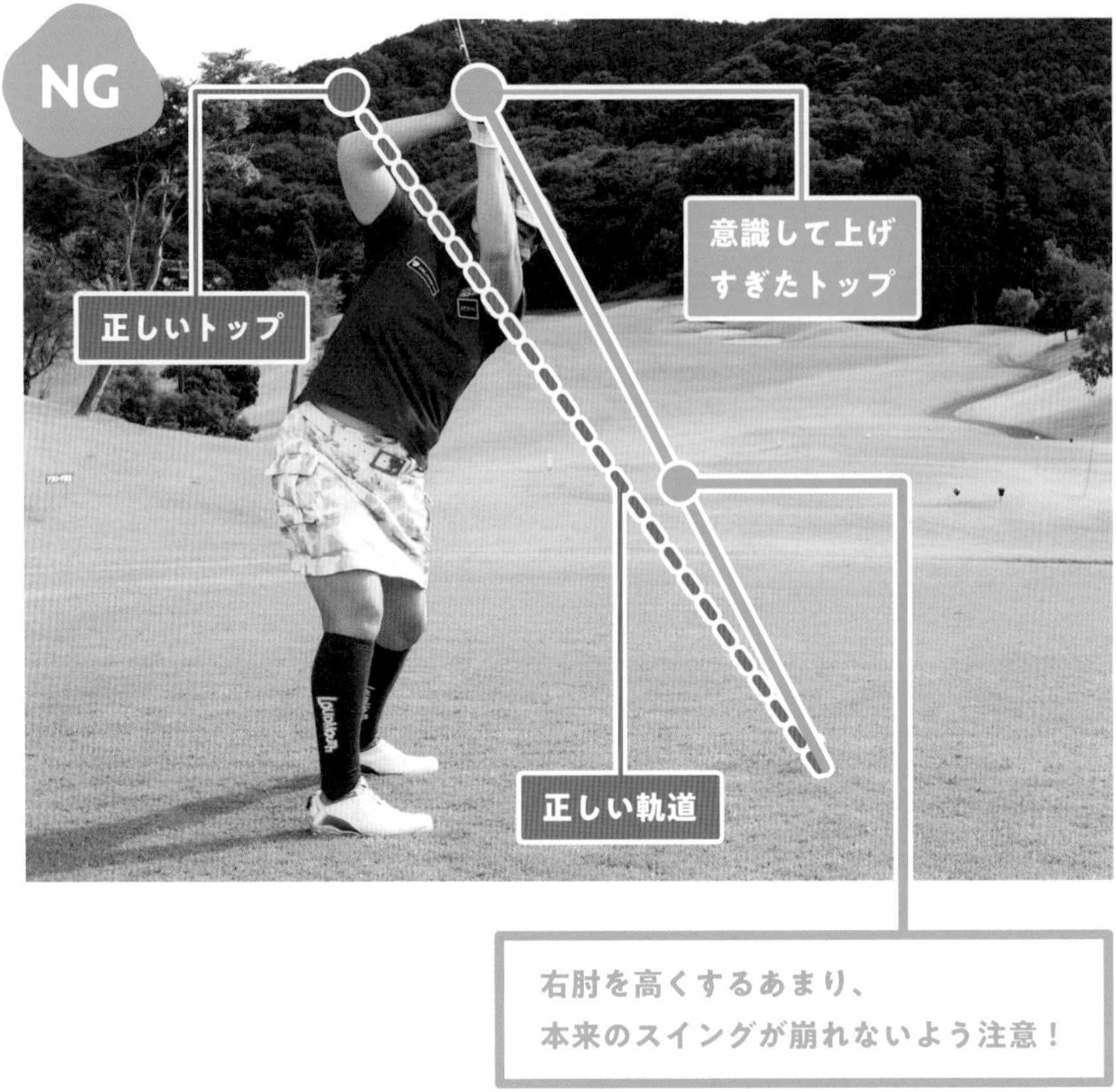
NG
正しいトップ
意識して上げすぎたトップ
正しい軌道
右肘を高くするあまり、
本来のスイングが崩れないよう注意！

筋肉で上げることになってしまいます。これはあくまで一時的なドリル練習として行い、意識しなくても右肘が高く上がるようになったら、振り子の意識だけに戻しましょう。

本来は振り子的に自然に上がる位置がトップとして望ましい位置です。右肘を高く上げようとするあまり、本来のスイングプレーンから外れてしまわないように注意しましょう（上図参照）。

女子プロゴルファーのスイングを見てみると、ほとんどの選手が90度以上右肘を開いています。特に細身の選手や筋力が少ない選手は、縦の力、つまり重力を最大限使うため、右肘を高く上げているのです。

高く上げ、力一杯引っ張る。これが飛距離アップに繋がっていきます。

脇が縦に空いているから、強く引っ張ることが出来るのです。

右肘が脇についていると下に動かす余地がなく、力を加えられません。

10 「釣り竿投げ」のイメージで背中の筋肉の使い方を覚える

遠くに投げたいのに、小さく振りかぶって投げる人はいないですよね。

これまで、ヘッドスピードを上げるためのタオル練習などを紹介してきましたが、今回は「ヘッドスピードを上げるイメージ」のお話です。

例えば釣り竿の針を遠くに投げようと思ったら、皆さんはどう投げますか？　きっとほとんどの方が、少し後ろに反り返ってから一気に前へ投げると思います。

それこそ時計の1時くらいまで反って、そこから一気に「えいっ」と9時辺りまでで釣り竿を振るのではないでしょうか。

ゴルフスイングとなると難しく考えてしまいがちですが、力強く振るための動きは、実はとてもシンプルです。反対方向に反り、力を溜めて、一気に振る。この「反り」と「溜め」がとても重要なのです。ゴルフ

OK!
針を遠くに飛ばすなら、釣り竿を力強く振らなくてはいけません。そのためには反対方向に力を溜めてから、一気に竿を振りますよね。

NG

スイングでいえば、バックスイングがこれにあたります。

60頁でお話ししたように、胸が90度以上回るように右上を向いた時、背中の反りを感じてください。背中の筋肉が、振り下ろす方向とは反対に伸びていますよね。

人間の筋肉には伸びると縮もうとする性質があります。その性質を利用し、トップで限界までねじった背中の筋肉が元に戻る力も使って振り下ろすようにしましょう。切り返しからのスピードアップに繋がります。

ただし、実際のスイングで釣竿を投げるように手首をリリースすることは避けてください。タオルドリルを紹介した82頁でもお話をしましたが、手首のコックはほどかないように意識してくださいね。

11 リズムによってヘッドスピードは変わる

1・2・3のリズム

切り返しのタイミングが
早くなってしまう人におすすめ

1・2のリズム

振り子運動でのバックスイング
が苦手な人におすすめ

これまでにご紹介したトップでの「受け止め」や、切り返しで「一瞬だけ力を入れて打つ」というのは、初めはタイミングがつかみ辛いと思います。そこで、ボールを打つ際にリズムをカウントしながらスイングしてみましょう。力を入れるタイミングが一定になるので、毎回安定したスイングが出来るようになりますよ。

ＪＰＤＡメソッドで推奨しているカウントの仕方は2種類あります。

1つ目は「1・2・3」のリズムです。「1」でクラブヘッドを置いて、「2」でバックスイングし、「3」で切り返します。「いち・に～・さん！」ですね。

「2」と言ってる間はしっかりトップで受け止めが出来るようになるため、切り返しの「3」の瞬間に力が入りやすくなります。切り返しのタイミングがどうしても早くなってしま

う、という方におすすめのリズムです。

2つ目は「1・2」のリズム。「1」でバックスイングし、「2」で切り返します。

1つ目のリズムよりスピード感があるため、振り子運動を使ったバックスイングが苦手で、自分の筋肉でゆっくり上げてしまいがちな人は、この「いっち・に！」のリズムがおすすめです。スムーズにバックスイングが出来るようになり、結果的にヘッドスピードも上がります。

これらはどちらが正しいということはなく、人によって合うものが異なりますので、是非どちらも試してみて、自分に合うリズムを見つけてください。人によってはリズムをカウントしたり変えるだけでヘッドスピードが2～3m/sくらい変わる場合もあるんですよ。

12

リズムの音を変えるとヘッドスピードに変化がある

前頁で紹介したリズム「1・2・3」の「3」の部分（「1・2」の方は「2」の部分）の言葉を置き換えてみましょう。例えば、1・2・「ドーン！」や、1・2・「叩け！」などです。

心の中で「3」を別の言葉に置き換えます。「3」と言う時にグッと力を入れるので、「3」よりも「ドーン！」「叩け！」といった、脳が反応しやすい言葉に置き換えたほうがパワーが出るのです。

ヒッタータイプ（インパクトまで叩きにいくタイプ）の方は、「ドーン！」や「叩け！」など破壊系の言葉に反応しやすく、スインガータイプ（フィニッシュまでしっかりと振り切るタイプ）の方は、「シュッ！」や「速く！」など速さを連想する言葉に反応しやすいです。

スピード系ワード

スインガータイプにおすすめ

破壊系ワード

ヒッタータイプにおすすめ

実際、レッスンに来てくださっている方が試してみると、これだけでヘッドスピードが2m/sぐらい変わることもあります。

ただ、「シュッ」が合うスインガータイプの人が「ドーン」に置き換えた場合、逆にヘッドスピードが下がることもあるので、自分に合ったリズムと言葉を見つけることが大切です。

自分に合うリズムと、脳が反応する言葉を是非探ってみてください。それらを上手く使うことで、ヘッドスピードが上がります。

実際に私も、打つ時は心の中で「1・2・ドーン！」と叫んでいます。切り返しからグッと力を入れたいので、腹筋に思いきり力を入れつつ、ドーン、ドーン、と心の中で叫びながら振っているんですよ。

コラム・4

脳のリミッターを解除して ヘッドスピードを上げる

ヘッドスピードが上がらない原因は脳にあった

ここまでは、形を気にせずとにかく速く振る練習などを紹介してきました。どうでしょう？ 全力で振れるようになってきましたか？ でも実は……まだまだ１００％の力には程遠いのです。

ここで、下記ＱＲコードの動画を見てみてください。いかがですか？ これが１００％の全力です。これを見れば、自分が全力でなかったことに気付くのではないでしょうか。それだけ、知らず知らずの内に脳がリミッターをかけ、力をセーブしてしまっているのです。

特にゴルフは「軸がブレてはいけない」「フィニッシュを崩してはいけない」「前傾角度はキープしなければ」「三角形は崩さない」などの様々な「常識」があり、それらがより強く脳にリミッターをかけてしまっています。

裏を返せば、このリミッターを外すだけでいつもより力が出るということです。

そのための方法が、ＪＰＤＡメソッドの動体視力活用法です。先程の動画のように速く振っている姿を見ると、そのイメージが脳に残ります。そして、それが残っているうちにスイングすると脳がイメージに反応し、速く振れるようになるのです。実際レッスンの中でも、私が振って見せてから「これに勝つつもりで振ってください」と交互に振っていくと、どんどん振るスピードが上がるんですよ。

ただ単に形が良くなれば飛ぶようになるわけではありません。綺麗な良いスイングと、速く振ることとは全くの別物です。速く振ることを鍛えていくためには、振りちぎる練習であったり、脳のリミッターを解除させる練習を繰り返すことが大切なのです。

この動画を３回繰り返した後に打ってみてください！

ステップ
2

ミート率を上げる
ゴルフスイングを構築

NO. 1 PAR 4
391 yds

1

ミート率を上げるためにはインサイドから叩く

スイングの軌道で初速は変わる

ステップ１ではJPDAメソッドの振り子運動を取り入れたスイングについて、その原理原則からダウンスイングまでを解説しました。ヘッドスピードを上げるため「いかに振り子の力を利用するか」「いかに腕を速く振り下ろせるか」というお話と、とにかくそれらを「脳と身体に覚え込ませる！」練習に重点を置きましたね。

ステップ２からは、ステップ１で練習してきた力を「いかにボールへミート出来る（伝えられる）か」という解説と練習に入ります。

ステップ１までの解説・練習は、あくまで「ヘッドスピードを上げるためのもの」「ゴルフクラブという『棒』を速く振るためのもの」とご理解いただき、ステップ２からの「効率良く飛ばすためのゴルフスイング構築」とは区別してご覧ください。

01 ミート率を上げる ＝初速を上げる

＝ミート率

ミート率はこの式を計算して出た数値に過ぎない、ということ！

よく「ミート率を上げると飛距離が伸びる」という言葉を耳にしますが、皆さんはミート率のことを正しく知っていますか？

ミート率というと、フェースの芯にどれだけ正確に当てられたかを判別する数値に思えますが、実は計測器で測るミート率は、初速（ボールスピード）÷ヘッドスピードの計算結果に過ぎません。そのため、同じヘッドスピードでも初速が速ければ結果としてミート率は高くなります。

ミート率を上げたければ初速を上げればいい、とも言えますね。

また、飛距離の3大要素は「初速・打ち出し角度・バックスピン量」と言われています。いくらミート率が良くても、3大要素のひとつ、初速が遅ければ飛距離は伸びません。

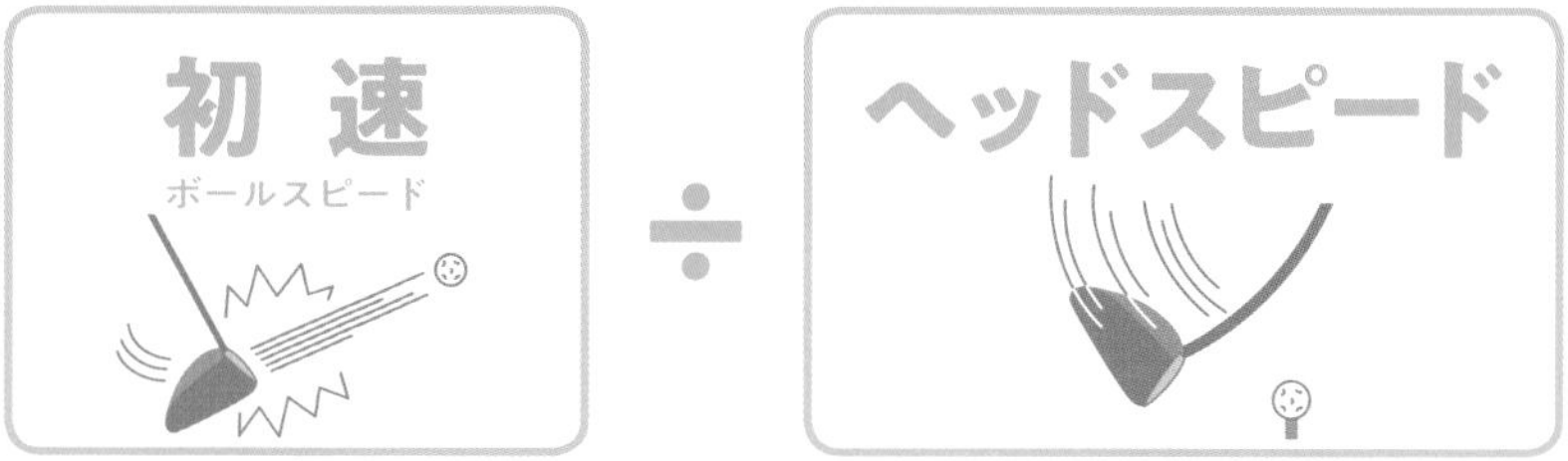

ボールに直接関わりのある数値は初速だけ。最終的には初速の数値が大きいほうが、ボールに飛ぶ力があるということです。

速ければ速い程インパクトの衝撃値が大きくなる＝初速が出る、とは言えますが、あくまで「ボールに当たる前の数値」です。

ボールが飛び出していくスピード（初速）を上げて、適正な打ち出し角度とスピン量にすることで、最大飛距離は手に入れられるのです。

このように、ミート率に関連する数値の中で飛距離に直結するのは「初速」だけなのですが、一般的にミート率を上げていくことがスイング作りに良い、という共通認識が根付いてきたため、たとえ自分が出したい初速やヘッドスピードが出ていても「ミート率が悪ければ意味がない」と仰る方もいます。

本当にそうなのでしょうか？

一例を挙げるなら、ヘッドスピード42m/sでミート率1・5（計測器ではとても高い数値）であっても、この場合の初速は63m/sです。逆に、ヘッドスピードが52m/sでミート率が1・35しかなかったとしても、初速は70m/sとなります。

この場合、前者と後者のどちらが飛ぶかといえば後者です。また、ヘッドスピードが速いほうがインパクトの力が大きくなるため初速は出やすくなります。初速を上げるためにもヘッドスピードは大切ということですね。

もちろん、ミート率が悪くてもいい、というわけではありませんが、遅いヘッドスピードのままミート率を上げたとしても、速いヘッドスピードのミート率が悪い人に飛距離で勝つことは難しいのです。

本章では便宜上「ミート率を上げる」という表現を使いましたが、「ミート率を上げる＝初速を上げる」という観点から、どうすれば初速を上げられるのかを解説していきます。

02

初速を上げるためには横から叩く! インサイドから叩く!

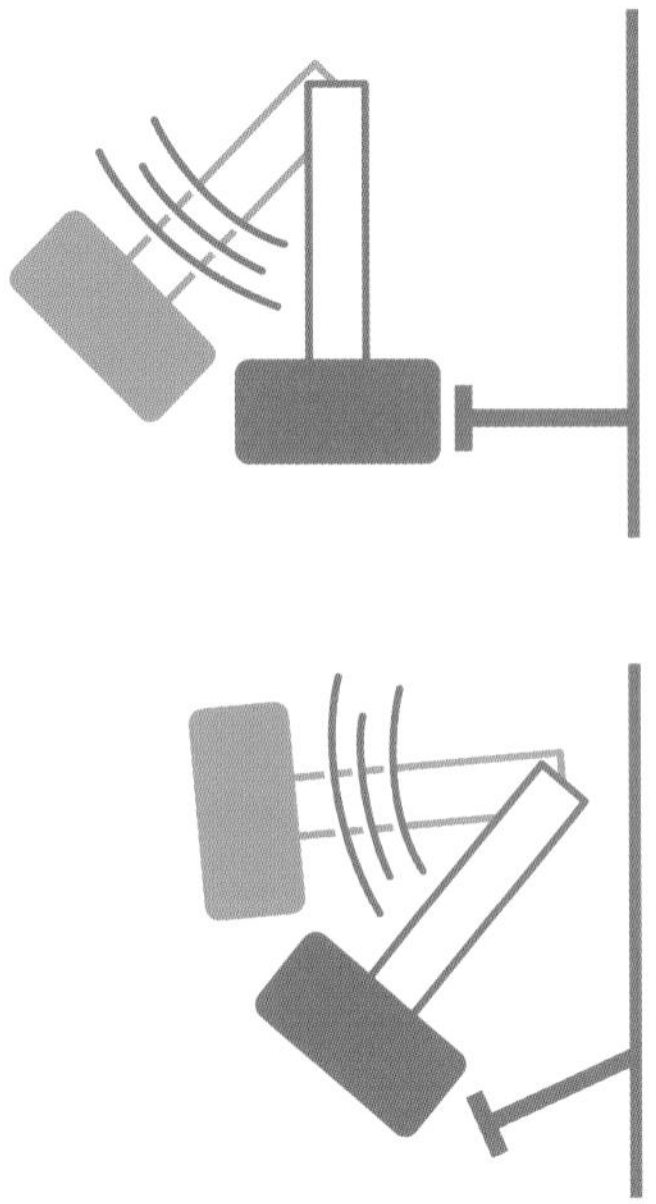

壁に釘を打ち込む想像をしてください。真横から叩けば壁に対して真っ直ぐ刺さりますが、斜めや上から叩いてしまうと、前に向かう力は伝わりません。

前頁ではヘッドスピードを上げることが初速アップに繋がり、初速アップが飛距離アップに繋がるとお話をしました。今回は少し視点を変え、同じヘッドスピードでも、より初速の出る打ち方について解説します。

例えばAさんBさんという2人がいて、同じクラブ、同じヘッドスピード、ボールもフェース面の同じ箇所に当たっているとします。単純に考えれば初速も同じになりそうですが、Aさんのほうが初速が出ました。さて、一体どこで差がついたのでしょう?

答えは、ボールに当たるクラブの角度です。クラブの入り方によってボールに伝わる力が変わるため、初速に差が出たのです。

ボールは横から叩けばスムーズに前へ飛びますが、クラブが上から入

OK!
身体が正面側へ開く前に手元を低い位置まで下ろせれば、ボールを横から叩くことが出来ます。

NG
身体が正面を向いているのに手が高い位置にある場合、直前で振り下ろすため、上から叩いてしまって初速が出ません。

ったり斜めにこすってしまうと上手く前へ飛びません。初速を出すためには横から叩く必要があります。

　ではどうすれば横から叩くことが出来るのか。それは、インサイドからクラブを下ろすことです。身体が正面へ開く前に手元を低い位置まで下ろせれば、あとはそのまま振るだけでボールを横から叩いていけますね。

　逆に、俗に言うカット打ち、アウトサイドイン軌道の場合は、インパクト直前まで手元が高い位置にあるため、ボールを上から叩いてしまい、初速が出にくくなってしまいます。

　ミート率を上げる＝初速を上げるためには、芯に当てることももちろん大事ですが、同時にインサイドから叩けるスイングを構築する必要があるのです。

03

スイングは2階建て！腕の上下動がゴルフスイングには必ず入る

もっと詳しく！
動画解説

❶いつものように構え、❷のように上体だけ起こす。この時の手の位置がアドレスのスタート地点です。そこからいつもと同じようにスイングすると、トップで手の位置は❸まで上がります。ここから身体の回転だけでスイングしてしまうと、スタート位置まで戻って来ても❹の高さのままですね。**トップで上がった分を下げないと、アドレス時の位置（❷）までヘッドを戻すことが出来ません。**

ここからは、ゴルフスイングという動作を分解して考えていきましょう。まず、いつも通りのスイングを前傾姿勢ではなく身体を起こした状態で行ってみてください。

最初のアドレス時、手は腰の高さにありますよね。そこからバックスイングしトップまで振りかぶると、手は肩の高さまで上がるはずです。

もし最初のアドレスのまま回転させるのなら、トップにおいても手の高さは変わらず腰の辺りにあるはずですよね。そう、実はスイング時、腕は上下にも動いているのです。

アドレス時の腰の高さを1階、トップでの肩の高さを2階とすると、バックスイングの際に腕は1階から2階に上がっています。これを意識せず、トップの形を維持したまま身体の回転だけで打とうとすると、2

腕を下ろすのは身体が開く前、インサイド側で！（112頁参照）下ろすのが遅れるとカット打ちになってしまいます。

階まで上がった腕が1階の高さまで戻らず、ともするとインパクト直前で軌道修正するため、ボールに対してカット打ちになってしまうのです。

アドレスからトップ、そしてインパクトまで、腕は1階→2階→1階と移動します。このことを意識して、2階まで上がった腕をしっかり1階の高さまで戻す。これをしないと、ボールを横から打つことが出来ません。

なかには、腕を低い位置に落としてから回るイメージを持つと、スイングが2段階になってしまうと感じる方もいるでしょう。

しかし、ここでステップ1の「腕を速く振り下ろす練習」が活きるのです！　意識せずとも速く腕を振り下ろせるようになっていれば、2段モーションのような不自然なスイングにはなりませんよ。

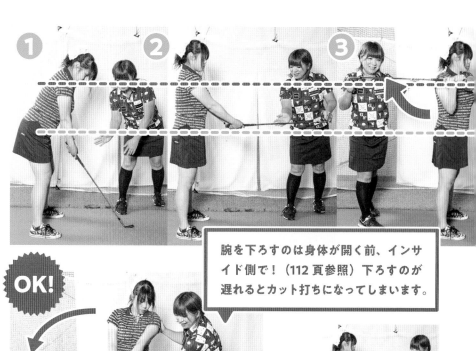

04 背骨とシャフトが直角になっているから力が発揮される

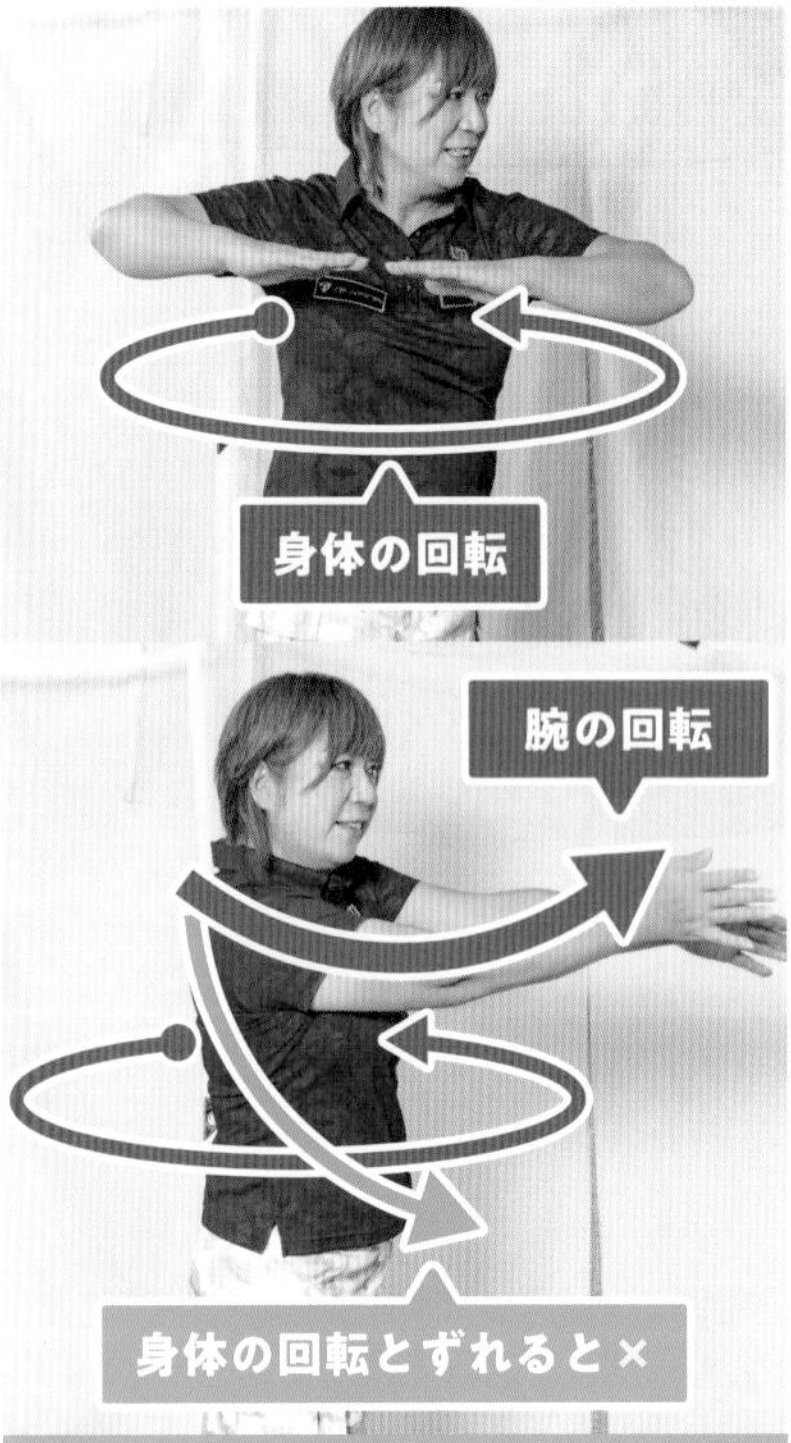

地面と水平に回転する身体と同じベクトルで腕を振る時が、最も回転の力が腕に乗る時。このベクトルがずれては、力が上手く噛み合いません。

前頁では、身体を起こした水平状態におけるゴルフスイングの仕組みを解説しました。

この水平振りの状態で一番速く腕を振るには、肩の回転にベクトルを合わせる必要があります。ここで肩と腕の回転ベクトルがずれてしまうと、力がブレてしまい、十分に回転の力を活かしきれません。

同じく水平振りのまま、クラブを肩の回転ベクトルにあわせて振ってみましょう。この時、回転軸となる背骨に対してシャフトは直角になっていますよね。この「直角」が、シャフトが肩の回転ベクトルと水平になっている証です。

シャフトが背骨と直角であり、両肩の軌道と水平であることが、肩・腕とクラブの回転ベクトルが一致し、

シャフトは背骨に対して直角に、身体の回転と水平に回します。それを少し前傾させたものが基本的なゴルフスイングです。

スイング時、身体を前傾させてもシャフトと背骨が直角になるようキープしましょう。シャフトが回転に対し水平になりません。

一番力が発揮出来る状態となります。

そして、これらを少し前傾した状態で行うのが理想のスイングです。

身体を起こして背骨と直角になるようクラブを構え、そのまま腰を少し前傾させた時のシャフトの角度をよく覚えておいてください。回転と水平になるためにはシャフトは常に背骨に対し直角でないといけません。

しかしスイング時、多くの方が背骨と直角以上にシャフトを立てた状態でクラブを下ろしてしまっています。これでは回転に対しシャフトが水平に回らないため、力が伝わりにくくなってしまいますね。

また、前述したように、クラブが上から入るカット打ちになり、横から叩くことが出来なくなるので、初速も出にくくなってしまうのです。

05

インサイドから下ろすとシャフトのしなりをボールに伝えられる

もっと詳しく！
動画解説
シャフトのしなり戻りの力
スイングの力のベクトル

シャフトのしなりを使うことで飛距離が伸びることは70頁でご説明しました。この章で繰り返しお話ししているインサイドから叩くメリットのひとつに、この「しなり戻り」の力を十分に使うことが出来る、というものがあります。

インサイドから下ろすスイングの軌道であればボールを横から打てる、と前頁までで説明しましたが、横から打つことで、当然シャフトのしなり戻りの力もボールに対して横向き、つまり進行方向に伝えることが出来ます。

これに対してアウトサイドからのスイングになると、シャフトのしなり戻りの力が縦方向となり、ボールに対して下向きの力を伝えてしまいます。これでは前に飛ぶ力が十分に

シャフトのしなり戻りの力はスイングの軌道と同じ方向に働くので、ボールを真横から打つことが出来れば、しなり戻りの力もボールの進行方向へ伝えることが出来ます。

スイングの軌道がアウトサイドからになると、当然しなり戻りの力も縦方向になってしまいます。

は伝えられないですよね。

飛距離アップのためには「インサイドから叩く」！　しなりの観点から見ても、このことがとても重要なのです。

06 インサイドから叩くためのアドレス

頭が左、右肩が前に出てしまうと、軸が左から左斜め前方に傾いてしまいます。その軸で水平にスイングをすると、必然的にアウトサイドかつ上からボールを叩いてしまいます。

今回は「インサイドから叩くためのアドレス」についてのお話です。

アドレスの基本姿勢については40頁でも説明しましたが、この時、頭が左側に寄り、右肩が前に出てしまっている人をよく見かけます。

頭が左、右肩が前、ということは、軸が左もしくは前に傾くということです。その状態でスイングをすると、右斜め上から左下にかけたスイングプレーンとなり、結果としてアウトサイドから振り下ろすことになってしまいます。

また、右肩を前に出しては、胸を90度以上、腕を時計の12時まで回転させることがより難しくなってしまいますよね。

ですから、40頁の基本姿勢に加え、右肩を下に下げてアドレスすること

OK!
両肩のライン
軸（背骨）

NG

アイアンショットのアドレス時より、進行方向に寄って構えるドライバーショット。ボールが左に出た分、アドレスも左に寄るため、軸は右に傾き右肩も下がります。軸を少し右に傾けると、身体を右後方に回しやすくなるため、腕もインサイド側から下ろしやすくなります。

を心がけましょう。右肩を下げ、軸を少し右に傾けるよう意識します。こうすることで、バックスイング時に身体が回りやすくなりますし、インサイドから手元を下ろしやすくもなるのです。

07

胸の回転を深くすれば勝手にインサイドから下りる

NG
この腕の位置からインサイド側へは下ろせない

胸が十分に回っていないと、身体の構造上、手元がインサイド側に回らず、アウトサイドからしか下ろせなくなってしまいます。

さて、ここまでインサイドから叩くことについて解説してきましたが、そうは言っても、実際にインサイドから叩くことは練習を重ねてもなかなか難しいことですよね。

そういう方は60頁で説明した胸の回転を意識してみましょう。

試しにバックスイングで胸を90度以上回転させてみてください。インサイドからでも楽に腕を下ろせるはずです。次に胸を60度くらい回した状態でも試してみましょう。インサイドから下ろそうと思っても、苦しくて下ろせませんよね。

インサイドから下ろせないと悩んでいる方の多くが、このように、そもそも胸を深く回していないのです。

胸を90度以上回してあげるだけで、インサイドから下ろせるように改善

胸が真横まで向いて初めて正面から90度の回転です。胸を90度以上回せば、腕が自然とインサイドから下りてきます。

上半身が開く前にインサイド側に下ろせれば、手元が早い段階で低い位置に下りてくるため、ボールを横から叩けるようになります。

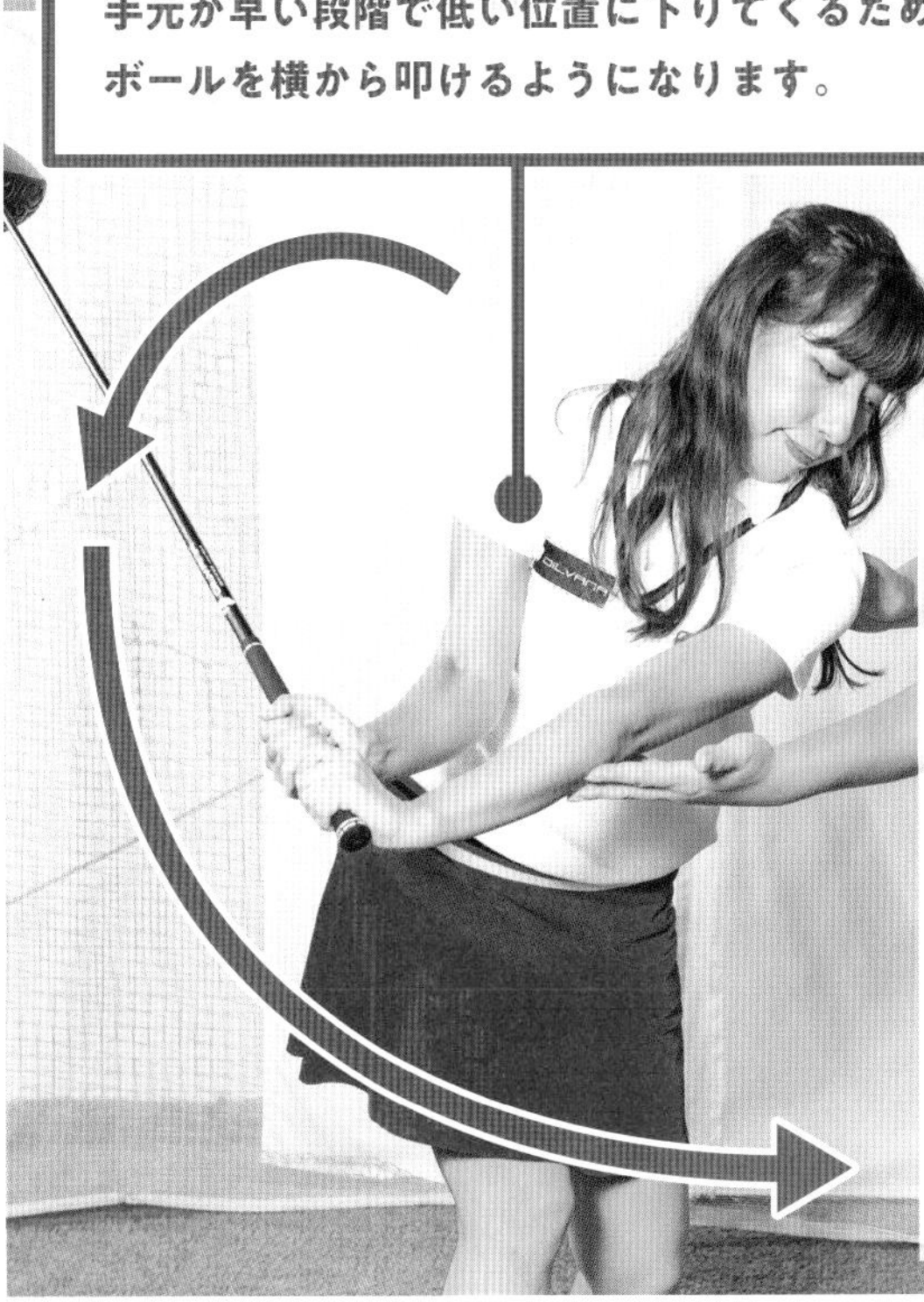

されることが多いので、是非深く胸を回してください。

60頁で胸の回転がヘッドスピードを上げるために重要であると解説しましたが、胸を90度以上回すことは、インサイド側で振り下ろすためにも非常に重要なポイントなのです。

08

インサイドアウトにヘッドを動かすイメージが必要

実際の
スイングプレーン
イメージの
スイングプレーン
スイングプレーンのガイドを引き、その線を通るように振るのも◎。

ダウンスイングでクラブをインサイドから下ろすには、スイングプレーンのイメージをインサイドアウトにして振ることも重要です。

右打ちのゴルフスイングでは、ダウンスイング以降、身体は左側に向かって回転していきます。

この回転の遠心力により、手元とクラブヘッドは常に外側へ引っ張られているのです。

ダウンスイングではアウトサイド側に、フォロースルーではインサイド側に引っ張られるため、実際は自分で思っている以上にアウトサイドイン・スイングになってしまうということですね。

つまり、インサイドからオンプレーンに振るためには、ダウンスイン

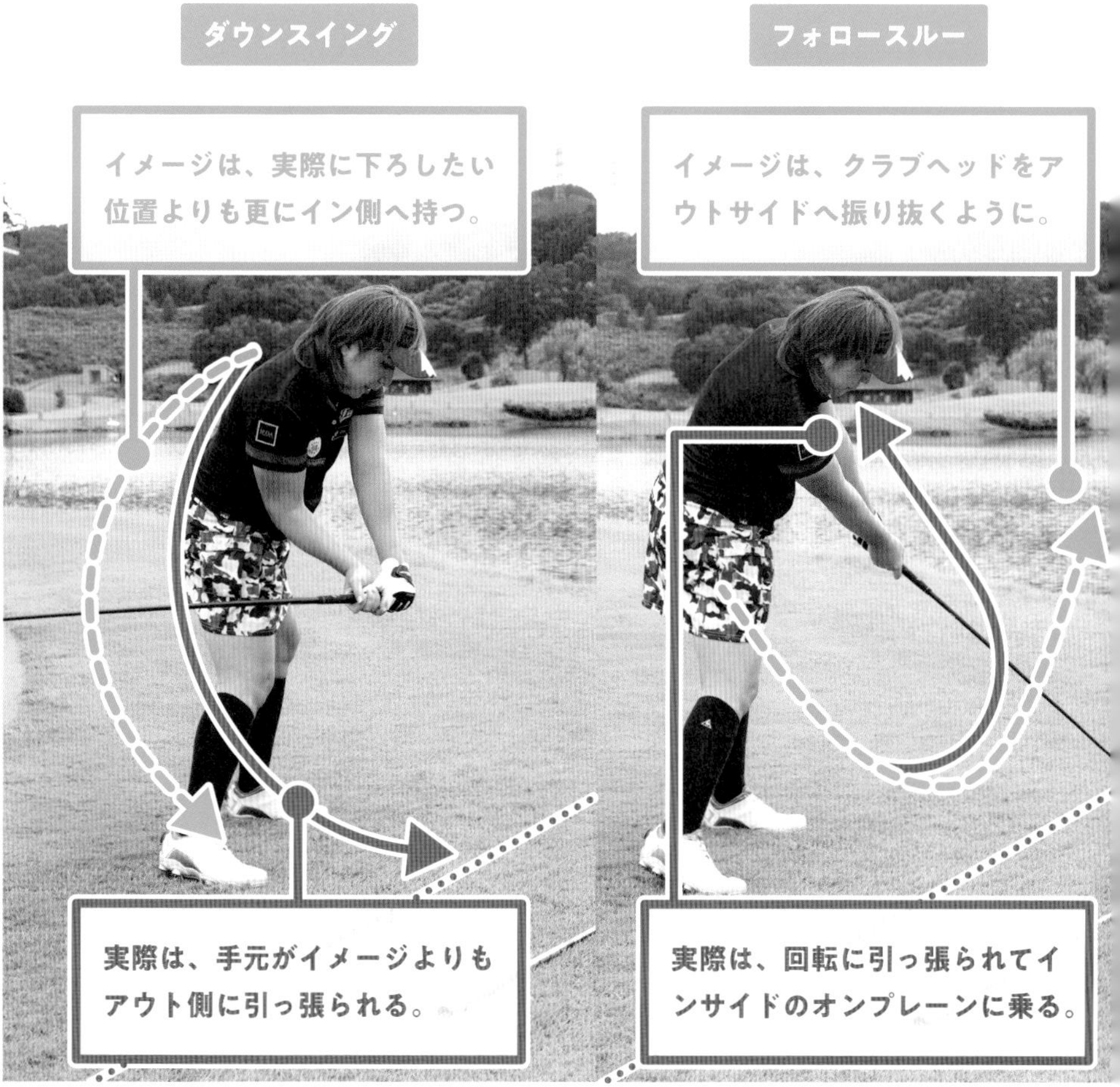
ダウンスイング
イメージは、実際に下ろしたい位置よりも更にイン側へ持つ。
実際は、手元がイメージよりもアウト側に引っ張られる。
フォロースルー
イメージは、クラブヘッドをアウトサイドへ振り抜くように。
実際は、回転に引っ張られてインサイドのオンプレーンに乗る。

グでは実際に下ろしたい位置よりもインサイド側に下ろすイメージが必要で、フォロースルーではアウトサイド側にヘッドを出すくらいのイメージを持って、初めて理想的なインサイドインのプレーンに乗ってくるのです。

ところが、多くのゴルファーがインサイドインの軌道をイメージしてスイングしてしまうために、回転の遠心力で引っ張られ、結果としてアウトサイドインのカット打ちになってしまっています。

それを防ぐためにも、インサイドアウトのイメージを補助するガイドとして、クラブ等を置いて練習してみましょう（上図参照）。

そのガイド上を通るように振ってみてくださいね。

飛球線と、飛球線と45度で交わるライン、
2本のラインを引いてみましょう。

また、ダウンスイングは飛球線と45度に交わるガイドを引き（上図参照）、手元が腰の高さまで下りてきた時に、45度ラインとシャフトが平行になるイメージを持って振り下ろしましょう。

手元が腰の高さまで下りてきた時、シャフトが飛球線のほうと平行になるイメージを持っている方も多いと思いますが、それでは先述の通り、実際には身体の回転に引っ張られてヘッドがアウトサイドから下りてしまいます。

インサイド側から手元を下ろしていくには、45度のラインと平行になるように、背中側から下ろすような、クラブヘッドが身体に巻き付きながら下りてくるような、そんなイメー

45度のラインとシャフトが平行になるようなイメージを持ちましょう。ヘッドが背中に巻き付くように！

飛球線と平行になるイメージだと、実際にはアウトサイドに下りてしまいます。

ジが必要になります。

極端かもしれませんが、それくらいのイメージをしてちょうど良いくらいなんですよ。

ここまでにも何度か「脳」の話をしましたが、人間の身体は脳からの指令を受け反応するまでにタイムラグが生じます。

そのため、実際の動きよりも極端なくらいインサイドに下ろす意識を持たないと、身体のほうが速く回ってしまい、手元をインサイドで下ろすことが間に合わなくなってしまうのです。

09

両肘を付けて フォローは縦に 肘を畳む

肘が引けるとスムーズにスイング出来ず、ヘッドスピードも落ちてしまいます（44頁参照）。

スイング時、肘が両サイドに開いて引けてしまう人は意外と多いです。44頁でも説明しましたが、肘が開くとスムーズなスイングが崩れ、クラブヘッドが走りません。

ここでもう一度肘の使い方を復習し、更にもう一歩踏み込んで、フォロースルーでの肘の使い方（畳み方）を覚えていきましょう。

まずは肘が開かないためのドリルをご紹介します。両腕の肘から手首までをくっつけた状態で振るドリル、『肘くっつけスイング』です。

実際に手首から肘までをくっつけたまま振ることは困難ですが、そのイメージを持つことで両肘が開きにくくなり、スイング中に肘が引けることが少なくなります。

このイメージを持ったうえで、更

肘ドリル1 肘くっつけスイング

手首から肘をくっつけるイメージを持つと、肘が引けなくなります。

肘ドリル2 肘畳みスイング

インパクト後すぐに肘を縦（上）に畳むドリルです。このイメージを持つと、フォロースルー時に肘が引けることを防いでくれます。

にインパクト直後、肘を縦に（上に向けて）畳むようにしてみましょう（上図ドリル２『肘畳みスイング』）。フォローを切り上げてしまうイメージですね。

　インパクト直後に肘を畳むなんてあり得ない！　と思われる方もいるでしょう。でもこれはあくまで「ドリル」の話。

　ドリル練習は極端に意識をして脳に動きをインプットさせる作業です。

　そのため、ちょっと過剰ではありますが、肘が引けない感覚を覚えるために、インパクト直後に肘を畳んでしまいましょう。

　もちろん、これはドリルなので実際のスイングでそこまで極端に肘を畳むイメージを持つ必要はないですが、たとえ本当に畳んだとしても、通

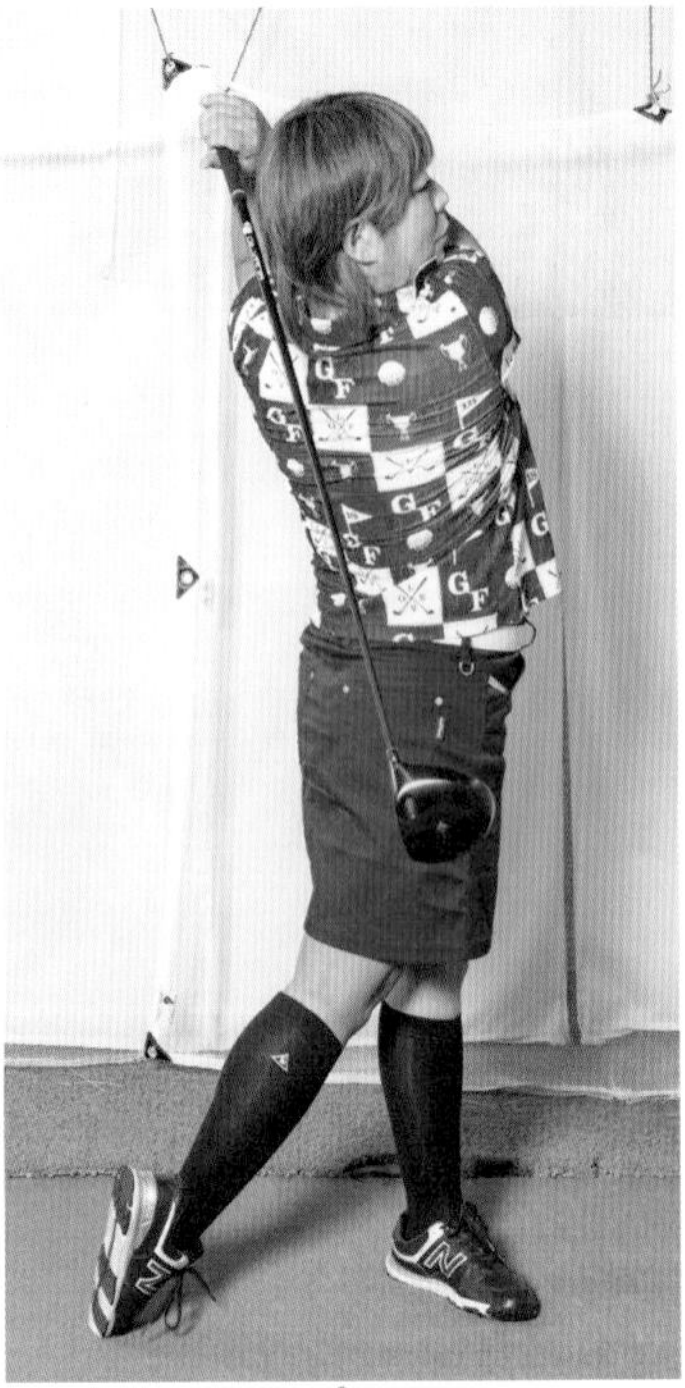

実際のスイングで本当に畳む必要はありませんが、もし畳んだとしてもスイングの回転のほうが速いため、綺麗なフォロースルーの形になります。

支点が動かない

支点がUの字で動く

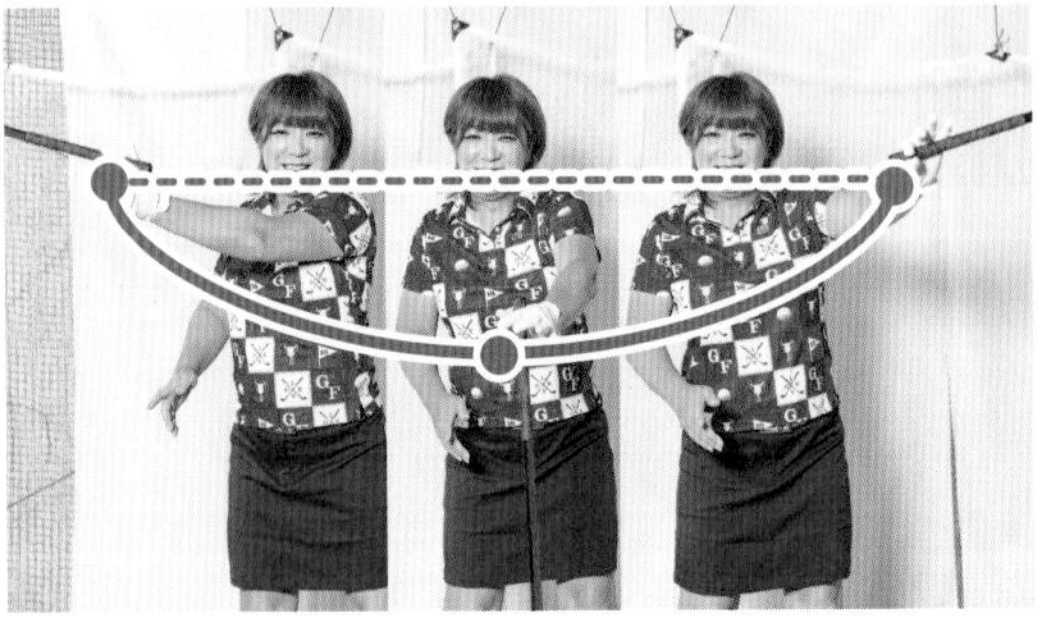

振り子の支点は、固定したままより（上）、Uの字を描くように揺さぶったほうが（下）、より大きく速く振り子が走ります。

常のスイングスピードであれば「肘を縦に畳め」と脳からの指令を受けた肘が動き出す頃には、既に身体は慣性の力で左に向けて回っています。

　また、肘を畳むイメージを持っていたとしても遠心力や慣性の力で腕は伸びていきます。実際にはスイングプレーンに乗った綺麗なフォロースルーになっていると思いますよ。

　以上2つのドリルを繰り返し練習することで、肘が引けてしまう人の動きは大きく変わっていくでしょう。

　更に付け加えると、肘を縦に畳むイメージを持つことで、振り子を速く走らせる効果もあります。

　26頁で振り子は切り返しの一瞬だけ力を込めれば勝手に走っていくとお話をしましたが、実は振り子の支

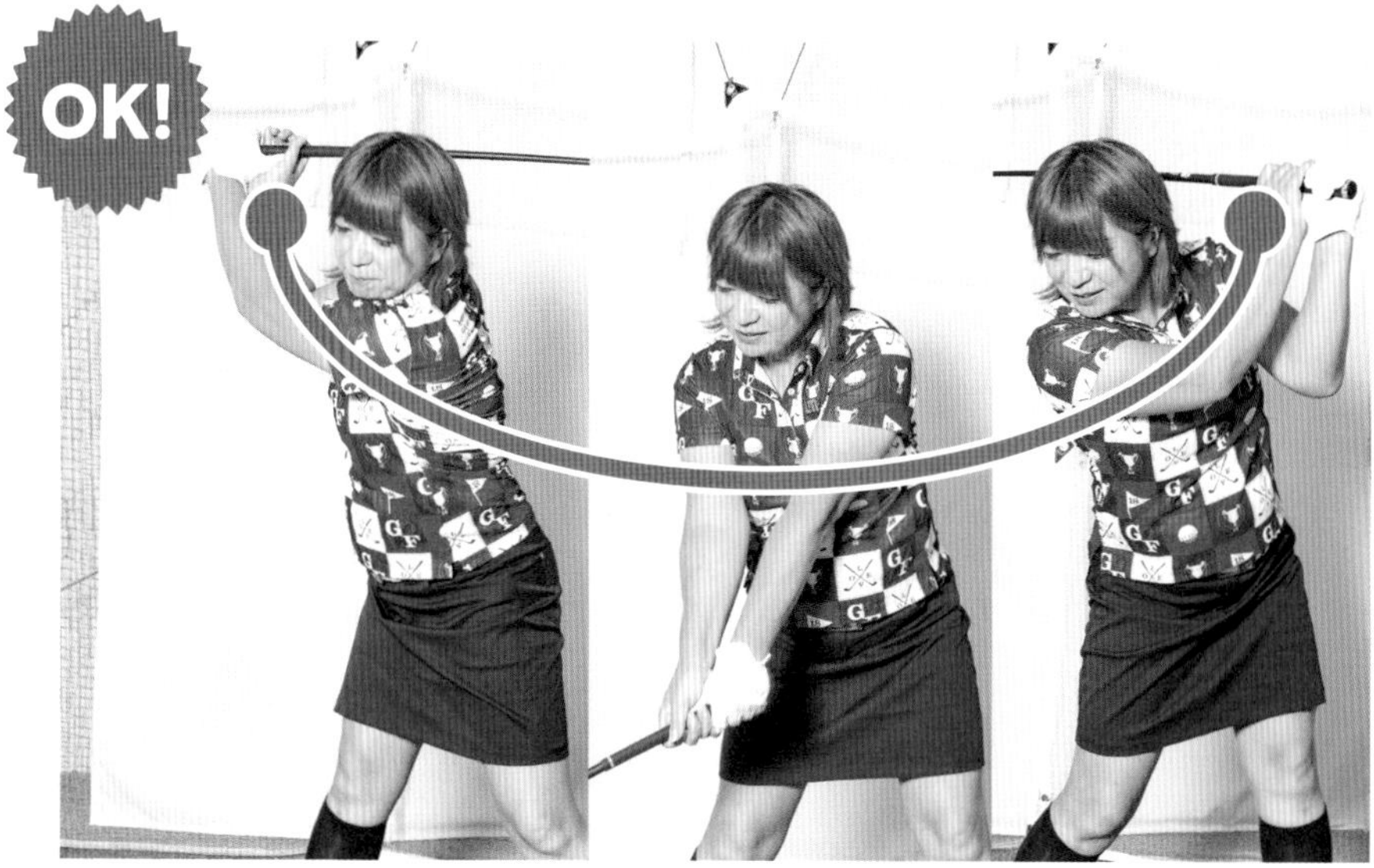

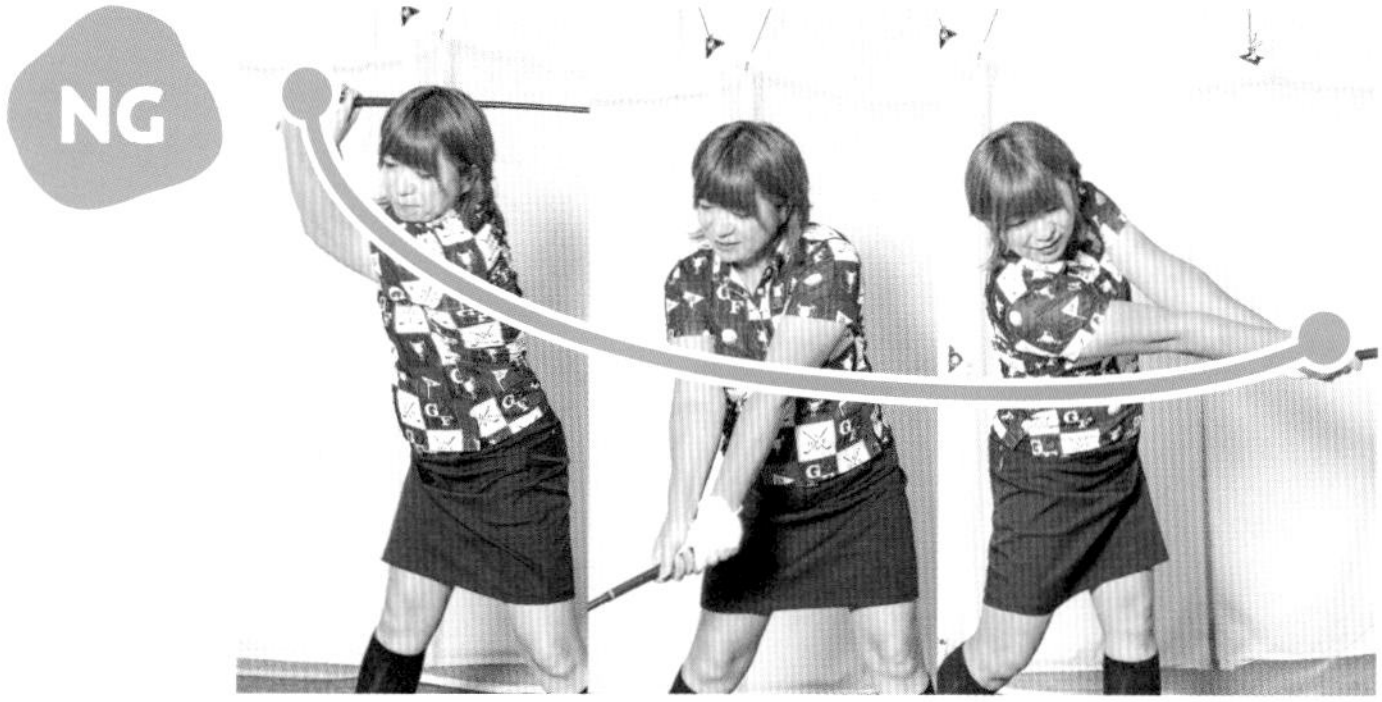

点をアルファベットの「U」のような形で左右に揺さぶると、振り子がより速く走るようになるのです。

ところが、フォロースルーで肘が引けてしまったり、大きく伸ばしてしまうと、「U」の軌道が崩れて振り子のスピードも落ちてしまいます。

肘を畳むイメージを持つことで、振り子が一番速く走れる軌道を、自然と描けるようになりますよ。

【上】肘を畳むイメージを持つと、振り子の支点（手首）がUの字を描きやすくなります。

【下】フォロースルーで肘が引けたり伸びたりすると、支点のUの字軌道が崩れて、ヘッドが走らなくなります。

10 トップは大きく フォローは小さく 肘を畳むイメージ

トップは深く大きく回して、フォローは肘を小さく縦に畳むイメージで！　フォローをコンパクトにする意識を持つことで、ヘッドが走ります。

これまでも、飛距離に繋がるのはインパクトまでの動作であって、フォロースルー側でどれだけ頑張ってもボールに直接影響は与えられない、とお話ししてきました。

しかし一般的なゴルフメソッドの影響か、バックスイングをコンパクトに、フォロースルーを大きくすることでボールが飛ぶと思っていらっしゃる方が実に多いです。

ところが、フォローを大きくしようと意識的に両肘を伸ばそうとすると、その分打点を通過する際のヘッドスピードが落ちてしまいます。

バックスイングは大きく、フォローを小さく畳むイメージを持つことで、インパクトゾーンでヘッドを走らせることが出来るのです。

前項でインパクト後に肘を縦に畳

OK!

むドリルを紹介しましたが、この動きは、肘が引けてしまうのを防ぐだけでなく、フォローで肘を伸ばしてヘッドスピードが落ちることを防ぐ効果もあります。

また前頁でも説明したように、振り子の支点は「頂点で一瞬止まり」「切り返していく」ことで左右に揺さぶられスピードが加速します。その点でも、フォローで大きく肘を伸ばすより、小さく畳むイメージを持ったほうが、振り子が走る支点の軌跡を描けるのです。

ドリル練習として、是非フォローを小さく畳む練習をしてみてください。実際のスイングでは遠心力や慣性の力が働くので、結果的に肘は伸び、畳まれることはありません。あくまでドリル練習として畳んでいきましょう。

繰り返しになりますが、フォローを大きくしよう、肘を伸ばそうとするとヘッドスピードは落ちてしまいます。フォローを大きくしようと肘を伸ばすより、小さく畳んでギュンギュンヘッドを走らせてください。

NG

フォローで肘を伸ばしてスイングしようと思うと、インパクトでのヘッドスピードが落ちてしまいます。

11
腕振りドリルで肘の使い方と腕の振りを覚える

ドリル1
腕振りドリル

両足を大きく広げて上半身だけでスイングします。使わないのは下半身だけ！　その他はこれまでの練習通り振りましょう。

もっと詳しく！
動画解説

ここまで「スイングのイメージ」や「肘の使い方」などを解説してきましたが、これらを脳と身体に覚え込ませ、より速く腕を振っていくためのドリルを紹介します。

ただし、「トップまで『ゆるゆる』で切り返しの一瞬だけ力を入れる」こと、前頁までで説明した「両肘をくっつける」「インパクト後は肘を縦に畳む」などのイメージを念頭に置いて行うようにしましょう。

1つ目は、下半身を意識的に使えないように両足を大きく広げ、腕だけでスイングをする『腕振りドリル』です。

このドリルは私の師匠松谷プロから教わり、私自身も大袈裟ではなく過去に1万回は練習しました。

今まで紹介してきたドリルの中で

も特に重要なドリルなので、練習場に行った際などは毎回必ず行うようにしましょう。このドリルを繰り返し行うことで、腕を速く振る意識を持たなくても、速く「振れてしまう」人になっていきます。

2つ目はダウンスイングをインパクトで切り上げてしまう『くるくるドリル』です。

切り上げたあとは慣性の働きに任せて、クラブが「振られてしまう」ようにしましょう。

この2つはどちらも、腕を速く振り下ろすこと、切り返しから右サイドのスピードを上げていくためのドリルです。インパクトまでのスピードが上がれば、ヘッドスピードも初速も上がります。初速を上げるためにも、この2つのドリルで右サイドのスピードを上げていきましょう。

ただ、これらはあくまでも右サイド側のスピードを上げていくためのドリルです。フルショットの練習やナイスショットを打とうと思う時には、フォロースルーは通常通り振り切ってくださいね。

ドリル2 くるくるドリル

ダウンスイングをインパクトで切り上げます。フォローのことを考えず、ダウンスイングのスピードを上げる腕の振り下ろしに意識を集中し、動きを覚えましょう。

インパクトで切り上げると惰性でヘッドが「くるり」と回ります。

このドリルをすることで肘が引けなくなり、130頁で触れた「振り子の支点」のUの字を描きやすくなります。

12

アウトに上げてインから下ろす8の字スイングの真実

最初のアドレスのまま背骨を軸に回転すると、クラブヘッドはアウトサイド側に上がります。そのままの状態ではクラブを振れないので、バックスイングの途中で90度倒す。ここでスイングプレーンに乗り、そのままインサイドから下ろすので、8の字を描いているように見えるのです。

インサイドから下ろすための方法として、ここ数年でよく聞くようになったのが、バックスイングをアウトサイド気味に上げ、ダウンスイングをインサイドに下ろす、いわゆる「8の字スイング」です。そのため、手元を一生懸命ループさせて8の字を描こうとしている人も多いです。

しかしこのスイングの主旨は、手元を動かしてループを描くことではなく、正しいゴルフスイングで振ればクラブヘッドは自然と8の字にループを描く、ということにあります。

どういうことか、スイングの動きを一つひとつ分解して確認していきましょう。

まず、最初のアドレスのまま背骨を軸に回転し、手元と身体の距離を変えないようにバックスイングする

アウトサイドからインサイドにヘッドが移動するのは、バックスイングの途中で肘を畳みクラブヘッドを90度倒すから。

と、身体の回転に伴って手元はイン側に回転していきますが、クラブヘッドはアウトの軌道で上がります。

しかし114頁でもお話しした通り、スイングは2階建てです。1階のままでは腕を振り下ろせないため、ヘッドを90度開き（倒し）、腕も肩の高さまで上げます。ここでまず、アウトで上がってきたヘッドがイン側に倒れるように見えますね。

そして切り返しから再び1階の高さに向けて、倒した90度分をキープしたまま腕は振り下ろされます。

さて、いかがでしょう？ この軌跡、8の字ループしているように見えませんか？

そう、8の字スイングとは、正しくスイング出来ていれば自然と描く軌跡であり、手元を動かして故意に

ヘッドの軌跡としては8の字を描いているように見えますが、手元を8の字に動かしているのでNG。腕の力でクラブを動かしています。これでは振り子の力を使えませんし、スイングの形も毎回変わってしまいます。

バックスイングがイン側に入りすぎてしまうという質問をよく受けます。
これはヘッドを倒すのが早すぎるから。
アドレスの形をキープしたまま回転し、慣性の力で自然に倒れるのを待ちましょう。

作るものではないのです。

手元とクラブヘッドは同じ軌道を通ってはいません。更に、バックスイングとダウンスイングとではヘッドの通る軌道が異なるのですが、同じ軌道を通っていると勘違いしている方も多いです。

バックスイングを振り子の力で振り上げると、身体の回転による遠心力と慣性の力でヘッドは自然とイン側に引っ張られます。その際に両肘を柔らかく使い、右肘を畳むことでクラブが90度倒れていくのです。

スイングを動かすのは背骨を軸とした回転であり、振り子運動を利用した振り上げと振り下ろしの力です。小手先や腕の力であれこれコントロールすることはしませんので、ご注意ください。

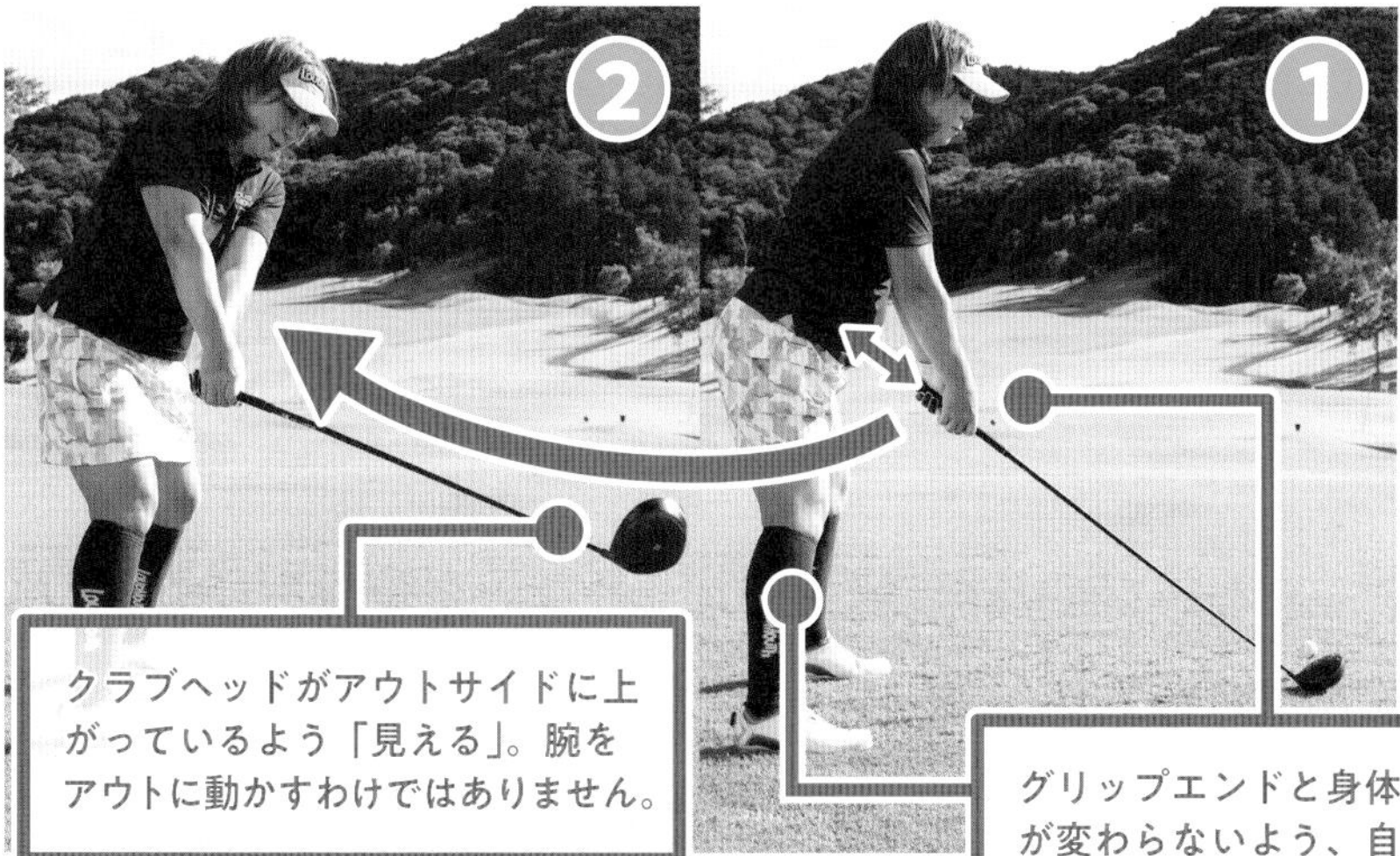

クラブヘッドがアウトサイドに上がっているよう「見える」。腕をアウトに動かすわけではありません。

グリップエンドと身体の距離が変わらないよう、自分を中心にした円に沿って上げます。

バックスイングを振り子の力で振り上げていくと、身体の回転による遠心力と慣性の力で自然とクラブヘッドはイン側に引っ張られます。その際に両肘を柔らかく使い、右肘を畳むことで 90 度倒れるのです。

上図（↑）のようにクラブが 90 度倒れていないと、ダウンスイング時に背骨とシャフトが直角にならなくなってしまいます（116 頁参照）。

112 頁にもあったように、身体が正面に開く前、インサイド側で手元を下ろすとボールを横から叩くことが出来ます。

13

フォローで手元は左に振られるがヘッドはアウトに動く

手元の軌道とクラブヘッドの軌道は同じではありません！
手元はインにあっても、ヘッドはアウト側を走ります。

前項で8の字スイングについて解説しましたが、今度はフォロースルーの構造についても知っておきましょう。

スイング時、クラブヘッドは手元と同じ軌道を描くわけではない、ということは前頁で説明しましたね。

インパクト後、手元は自分の身体を軸にした円を描きながらインサイド側に向けて回りますが、ここでクラブヘッドに注目すると、アウトサイド側へ直線に近い形で出ていっています（❶）。

インパクトの形をキープしたままなら、手元は身体の回転につられイン側に引っ張られますが、ヘッドは手首を返してフェースターンしない限り、アウト側に動いていきます。

つまり、ヘッドがアウトに出ていくのは自然なことなのです。

ヘッドはアウトサイド側へ振られる。
手元はインサイド側へ回る。

NG
アウトに向かうヘッドを、手元を動かしてイン側に振ってはいけません。手首をこね返すスイングは球が曲がる原因になります。

ところが、インパクト直後にフェースを返して、クラブヘッドをインサイドに振ろうとしてしまう方がとても多いです。

しかしそれでは、アウトサイドインの軌道になりやすく、また、後述するハンドファーストインパクトが実現出来なくなってしまいます。

「インサイドアウト・スイングをイメージすること」、そして128頁の肘を縦に畳むドリルや、134頁のくるくるドリルを活かして「フォローで不要なローテーションを入れないこと」この2つがポイントとなります。

フォローを縦に畳む意識でいれば手首が横方向に動きません。小手先でクラブをこね返すスイングにならないのでフォロースルーが安定し、結果として方向性も良くなりますよ。

フェース面にスプレーをして芯に当てる練習

コラム・5

最近のクラブは打感が良くなってきているので、多少フェースの芯から外れていても心地良く打ててしまいます。

そのため、本当は芯に当たっていないのに、自分では芯を捉えたショットが出来ていると思い込んでしまっている方も多いです。まだまだ飛距離を伸ばす余地があるのに、もったいないことですよね。

ボールが実際はフェースのどこに当たっているかを知ることは、飛距離を伸ばす意味でも、自分のスイングを知る意味でも重要です。クラブのトゥ側で打っていると思っていたら実はヒール側であったり、また、その逆もしかり……。

フェースのどこに当たっているかを分析すれば、それをスイングに活かすことも出来ますよね。

ただ、インパクトの一瞬でボールがどこに当たったかを判別することは至難の業です。

そこで、フェース面のどこにボールが当たっているか簡単に判別する方法をご紹介します。

まずは打点を確認するためのスプレーです。これをフェース面に吹きかけて打つと、写真のようにボールの跡がくっきり残りますので、フェースのどこに当たったかが一目瞭然です。他にもフェース面に貼るシールもあります。

いずれもゴルフショップ等で販売されていますので、是非お試しください。

自分の感覚と、実際に当たっている箇所のズレを認識することは非常に重要です。確認と補正を繰り返し、芯に当たるよう練習を重ねましょう。

2

テコの原理を使った肘と腕の使い方を覚える

小さな力で大きなパワーを生み出す

前章では「いかに効率良くボールへ力を伝えられるか」に重点を置いて、ゴルフスイングの構造や特性について解説しました。インサイドから叩くことの重要性、ゴルフスイングの特性を理解した上でのイメージが大事であることなどがわかっていただけたと思います。

さて、ここまでの解説で「インパクトまでの動作で生み出した力を、余すことなくボールに伝えるゴルフスイング」の基礎は出来ました。ここからは、この基礎にどれだけの力を上乗せ出来るか、というお話です。

この章では、小さな力で大きなパワーを生み出す「テコの原理」を利用したゴルフスイングと、そのための肘や腕の使い方について紹介していきたいと思います。

01

テコの原理は「右手は支点」左手を下に動かす

❶ 左手支点
右手の腕力で右側へ運んでいる。
支点
重い～！

「テコの原理」で生み出される力がどれ程のものか、まずは皆さんに体感していただきたいと思います。

ウェッジやアイアンを3本程用意してください（重いほうがわかりやすいです）。この3本のグリップエンド辺りを左手で握り、そこから拳1～2個程開けた箇所を右手で握ります。この時、肘は伸ばしてグリップは胸の正面に、クラブヘッドは自分の右側へ倒しておいてください。

この状態から、左手は動かさず、右手の力だけでクラブを左側に180度回転させます（❶左手を支点に、右手を動かす）。いかがですか？　かなり重たいですよね。

❷右手支点
左手を下から右へ動かす。
支点
くるん！

では次に右手を支点とします。右手は動かさず、左手を下から右へ押し込んで回転させてみてください（❷右手を支点に、左手を動かす）。どうでしょう、左手を支点とした時よりも軽く感じたのではないでしょうか。

以上のように、左手を支点にした場合（❶）は、テコの力ではなく右手の腕力による回転です。

右手を支点（❷）にすることでテコの原理が働き、少ない力でグリップを回転させることが出来るのです。

では、この「テコの力」をどうゴルフスイングに活かすのか……それは次頁以降で解説いたします。

02

ダウンスイングで左脇が空いていないとテコは使えない

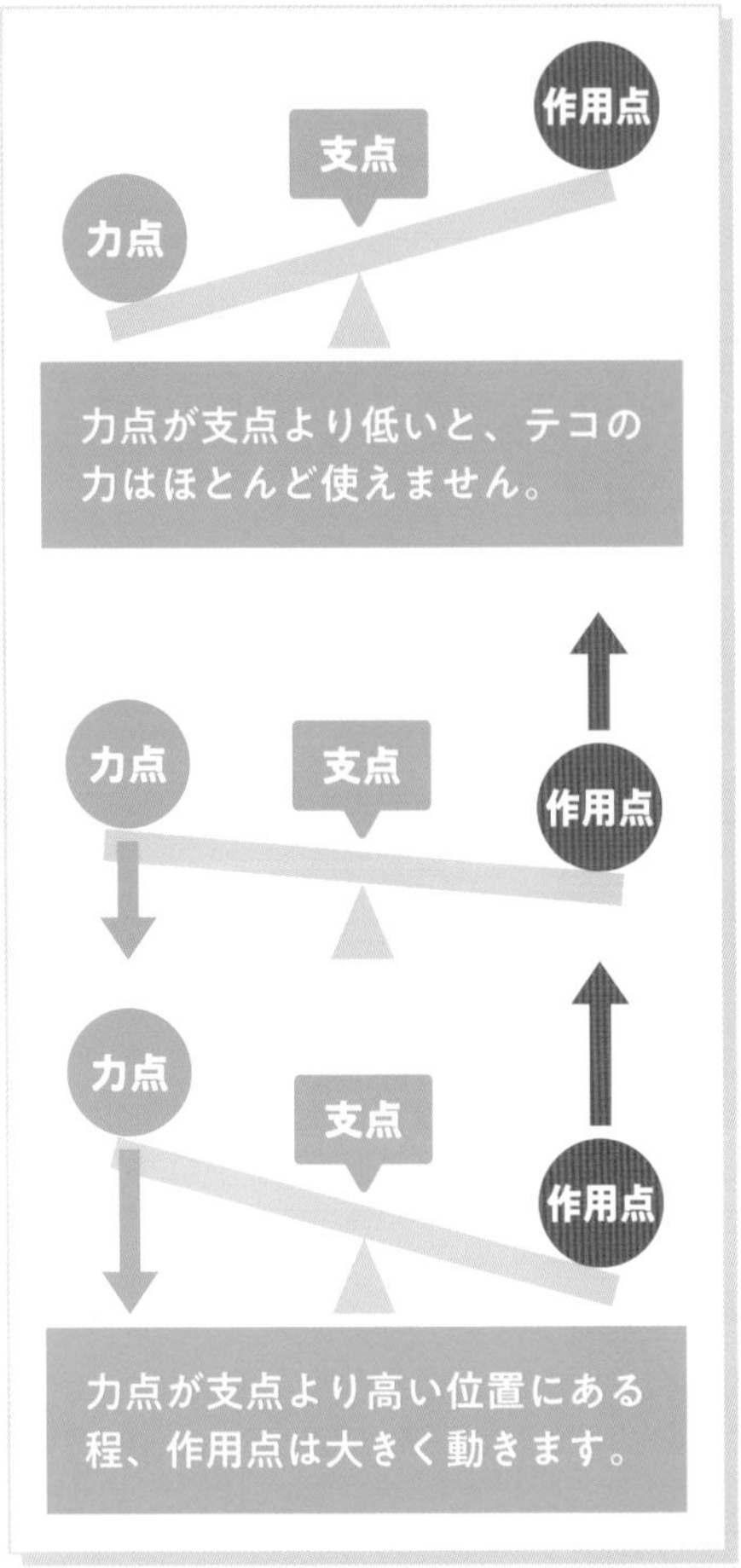
作用点
支点
力点
力点が支点より低いと、テコの力はほとんど使えません。
力点
支点
作用点
力点
支点
作用点
力点が支点より高い位置にある程、作用点は大きく動きます。

前頁で紹介したテコの原理をダウンスイングに取り入れてみましょう。インパクトへ向けて右から左に動くクラブヘッドにテコの力を乗せたいのですから、右手を支点にして、左手を進行方向の逆、つまり左から右へと動かします。これをインパクト直前のタイミングで行うのです。原理としては簡単ですね。

ただ、この時に注意していただきたいのが、左腕を動かす「余地」がないと、テコの力は使えないということです。

シャフトを腰の高さまで下ろした時、左腕と身体の間に進行方向の景色が見えるくらいの余地があれば、テコを大きく使うことが出来ます。

しかし、「脇を締めて下ろせ」という一般セオリーを意識するあまり、

OK!
左腕と身体の間が空いていれば、その分左肘を動かす余地が生まれるので、テコの力を大きく使えます。

切り返しから脇を締めてしまう人が多いです。脇が締まっていると、左腕を動かす余地がないため、テコの力を十分に使えません。ダウンスイングの際に左脇が空いていることは、決して悪いことではないんですよ。

また、クラブヘッドがアウトサイド側から下りている場合も、テコの力を使ってもインパクトまでに動くヘッドの距離が短いため、十分な効果が得られません。

インサイド側からヘッドが下りていて、かつ、左腕を動かす余地が十分にある時、テコの力を最大限使えるのです。

さて、理屈はおわかりいただけたと思いますが、そうはいってもゴルフスイングという短い時間にこれら全てが出来るかといったら、それはなかなか難しいですよね。

そこで、テコの原理をスイングに活かすためのドリルを次頁から紹介します。実際の練習はそちらを参考にしてください。

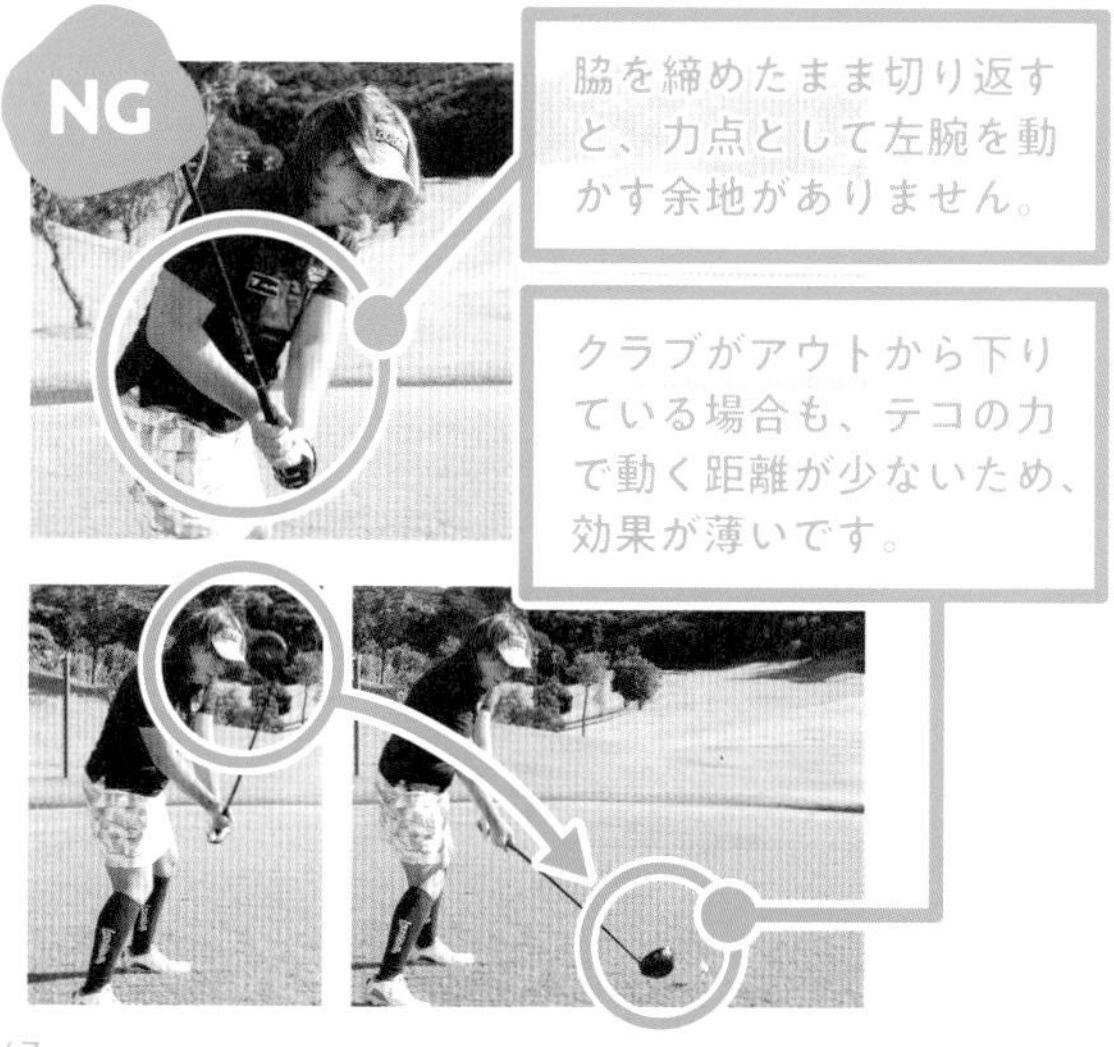
NG
脇を締めたまま切り返すと、力点として左腕を動かす余地がありません。
クラブがアウトから下りている場合も、テコの力で動く距離が少ないため、効果が薄いです。

もっと詳しく！
動画解説

03

シャフトを左肘にあてて外転させた状態で振るドリル

❶ テコを使ったインパクトのイメージ

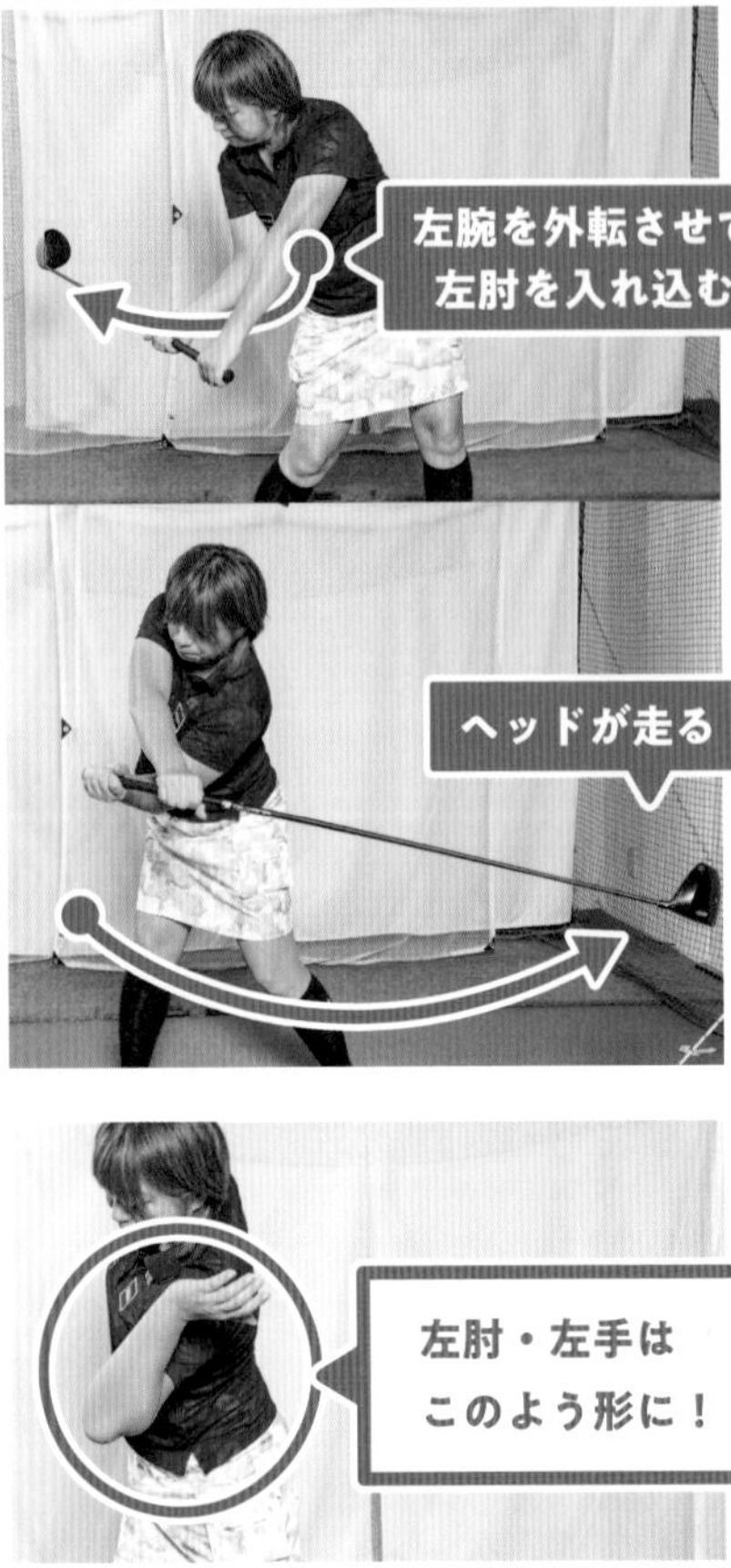
左腕を外転させて
左肘を入れ込む
ヘッドが走る！
左肘・左手は
このよう形に！

前頁で解説した「テコの力」を実際にダウンスイングへ取り入れると、上図❶のようになります。

インパクト直前で右手を支点に、左腕を外転させていますね。テコの原理が働き、少ない力でもヘッドスピードが上がりますが、これはあくまで理屈。実際のスイングやナイスショットを狙う時にこのような動きはしません。

しかし、この動きを練習し左肘の感覚を脳と身体に覚え込ませることで、いつも通りのスイングでも身体がテコのイメージをなぞるようになります。スイング時に肘が引けてしまったり、ヘッドが走らないという方には特におすすめなので、これから紹介するドリルを繰り返し練習して左肘を外転させる感覚を身に付け

❷ 左肘を右側に入れ込む

右を引き上げ左を倒す

❸ 回転しながら❷を行う

身体を回しながら

左肘が右に向かい、左手が左に倒れる感覚を覚えましょう！

NG

左肘が引けてしまう（チキンウィング）と、ヘッドが走りません。これを防ぐためのドリルでもあります。

てください。

まず、ヘッドを上に向けたクラブを右手で握ります。次に、左肘をクラブの右側にあて、そのまま左手でシャフトを持ちます。その状態から右手を引き上げるようにして左側にクラブを倒していきましょう（❷）。

これが出来たら、今度はダウンスイングの動きと合わせて行います。上半身を回転させながら左肘を右側に入れ込んでください（❸）。

このドリルを繰り返し行って、左肘が右側に、左手が左側に向く感覚を覚えましょう。

これは肩回りが硬い方のストレッチにもなります。最初はなかなかクラブが倒せない方も、コツコツ続けることで肩回りが柔らかくなり、左肘の感覚も身に付きますよ。

04

左肘の使い方を覚える
左肘リバースドリル

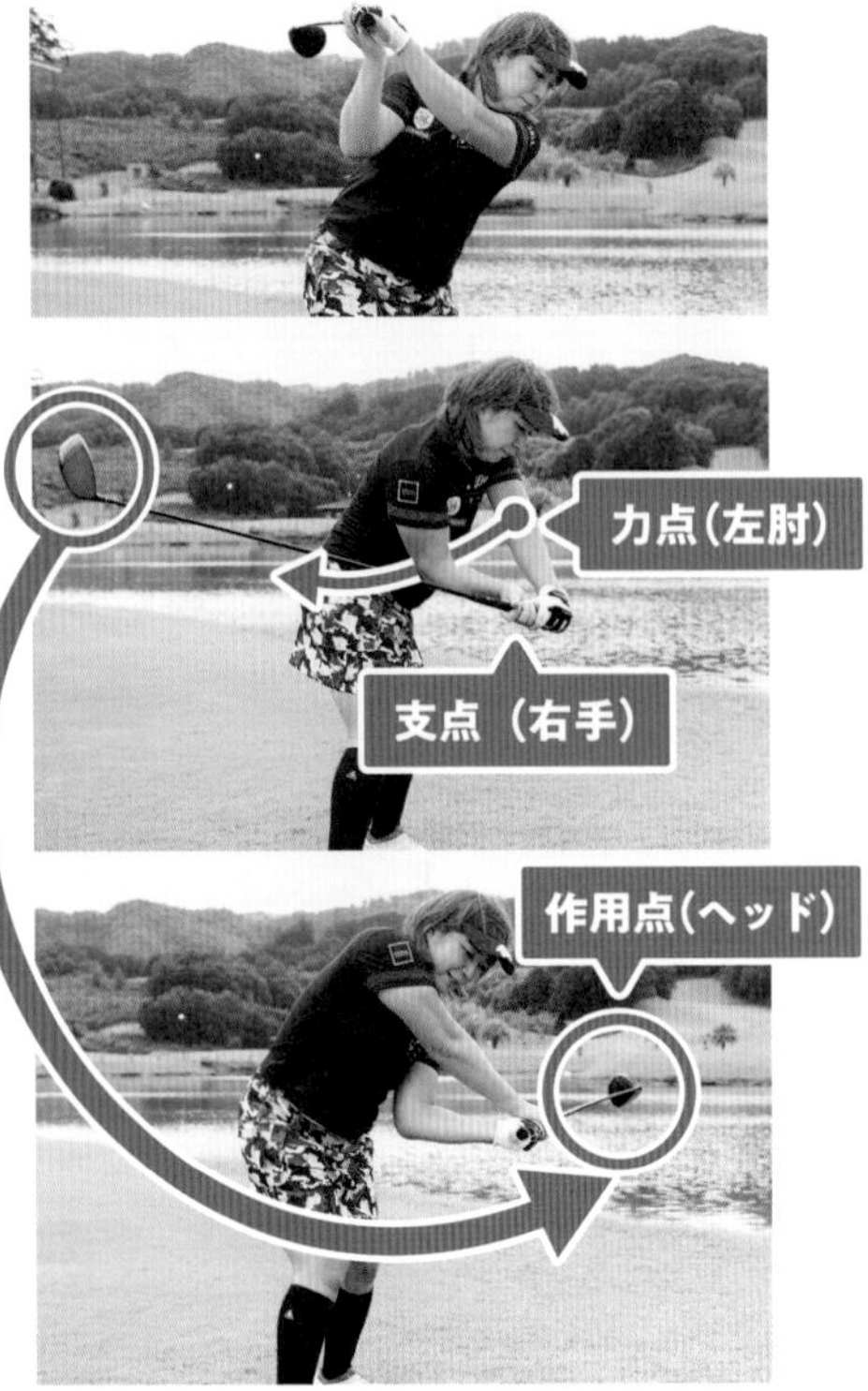

ヘッドがインサイドから下りていれば、作用点が大きく動く！

もっと詳しく！
動画解説

スイングにテコの力を使うには、ダウンスイングで左脇を大きく空けた状態から一気に締めること。そして、左腕を外転させて左肘を右側に入れ込む意識を持つこと、とお話ししました。

支点を右手とした時に、力点である左手が大きく動く程、作用点であるクラブヘッドも大きく動きます。146頁でも触れましたが、そのためには左肘を動かす余地がないといけません。空いた左脇のスペースを使って左肘を右側に入れ込むことでテコの力が働きます。

また、作用点であるクラブヘッドが、ゴール地点（この場合はボール）から離れている程、テコの力は大きく伝わります。シャフトが身体の正面と平行に下りていたり、ましてやアウトサイドから下りてきてい

左肘リバースドリル（正面）

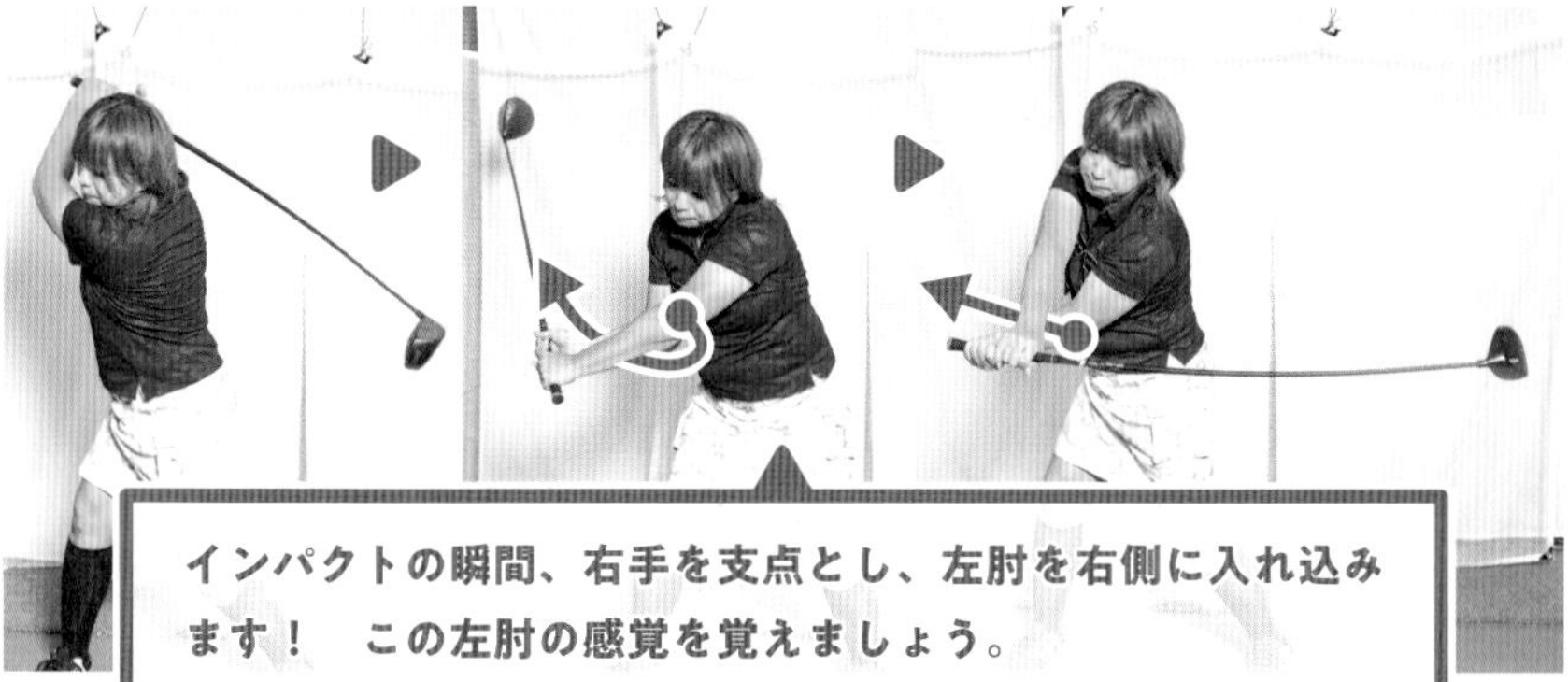

インパクトの瞬間、右手を支点とし、左肘を右側に入れ込みます！　この左肘の感覚を覚えましょう。

左肘リバースドリル（側面）

肘が引けてしまうスイングを矯正するドリルでもあります。身体を回転させないようにしましょう。

るようでは、ゴール地点とヘッドの距離が近く、テコの力が十分に得られません。

つまり、インサイドから下ろし、ヘッドが身体に巻き付くように背中側から、かつ手元より遅れて下りている状態で、左脇のスペースを使って左肘を反対方向へ入れ込むと、テコの力が最大限発揮されるのです。

では、以上の動きを取り入れたドリルを実践してみましょう。

トップから脇を締めずに切り返し、インサイドから下ろした瞬間に左肘を反対側へ入れ込みます。この時、左肘の動きに集中するため身体は最後まで回転させません（肘が引けてしまうのを防ぐ効果もあります）。

これを繰り返し行い、ダウンスイングにおける左肘の使い方を、身体に正しく癖付けしましょう。

05 ダウンスイングの右肘の使い方を覚えるドリル

❶ 右腕を外側に倒すドリル

これまでもインサイドから叩くと初速が出る（＝ミート率が上がる）というお話はしてきましたが、インサイド側で振り下ろすには右肘の使い方が重要なポイントとなります。

野球のピッチャーがボールを投げる姿を想像してみてください。手元よりも先に肘が前へ出ていますよね。ゴルフスイングも同じです。右肘が先に前へ出ないと、シャフトと背骨が90度になりませんし（116頁参照）、クラブをインサイド側で振り下ろすことも出来ません。

そこで、148頁で紹介した左肘ドリルの右肘バージョンを行い、右肘の動きと使い方を覚えていきましょう。

まずはヘッドを上に向けたクラブを左手で握り、右肘をクラブの左側にあて、右手でシャフトを持ちます。

❷ ダウンスイングしながら❶を行う

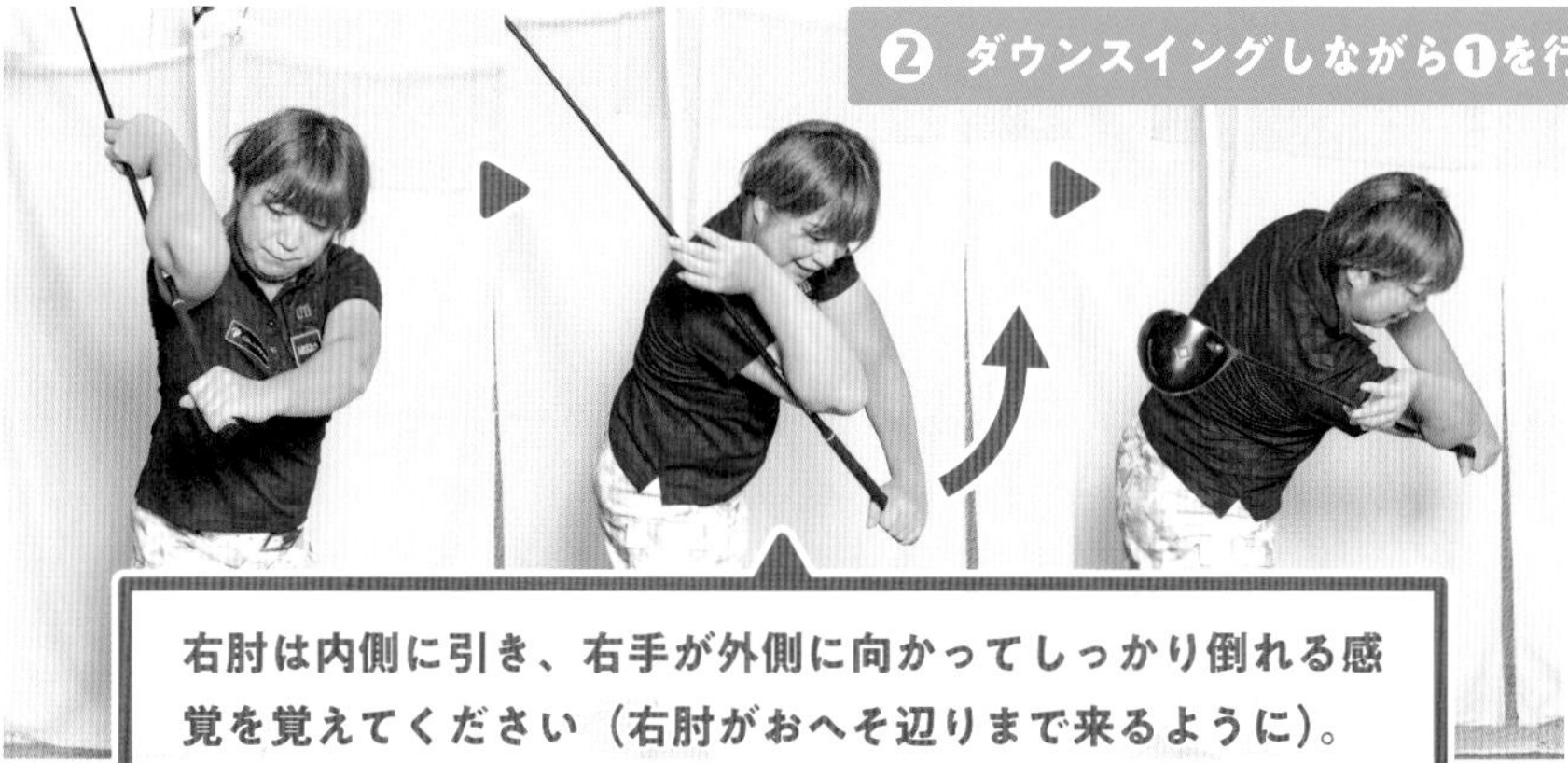

右肘は内側に引き、右手が外側に向かってしっかり倒れる感覚を覚えてください（右肘がおへそ辺りまで来るように）。

そこから左手を引き上げるようにしてクラブと右肘を右側に倒します(❶)。次に、バックスイングを上げ、左手でクラブを引っ張りながら振り下ろしてください(❷)。自然と右肘が倒れますよね。この時、右肘がおへその前まで来るように意識して引っ張るようにしましょう。

　このドリルを繰り返し行うと、肩・肘回りが柔らかくなりますし、ダウンスイングでの右肘の使い方が脳と身体に染み込みます。染み込んでからいつも通りスイングすると、無意識でも正しい動きになりやすいです。身体に癖が付く、と言ってもいいかもしれません。

　例えば、良いスイングにするため色々意識しながら矯正しようとしても、どうしても違和感が残ったスイングになってしまいますよね。これでは良い球は打てません。意識して癖を行う人がいないように、身体に正しい癖付けをして、無意識でも正しい形になっていくことが理想です。正しい癖付けのためのドリルを繰り返し行って、自然に正しい形でスイング出来ることを目指しましょう。

NG

右肘が手元より後に下りると、クラブがアウトサイドに流れてしまいます。

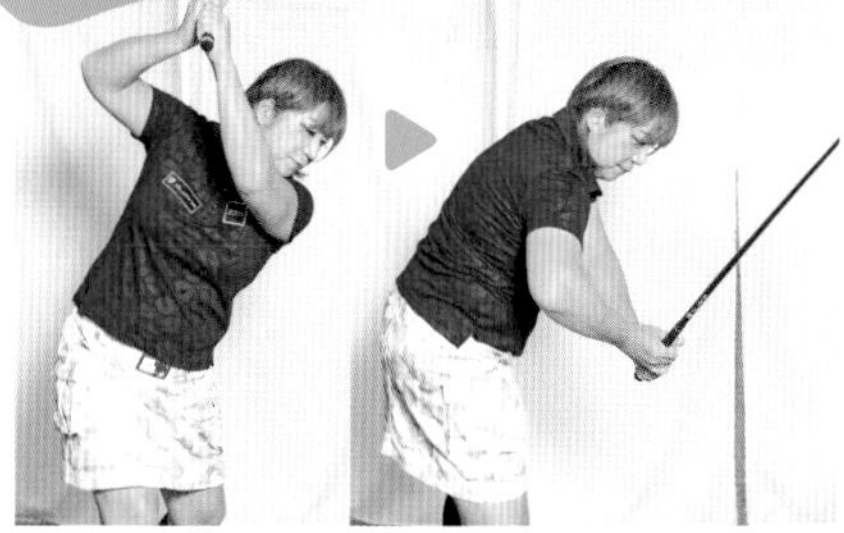

ダウンスイングのタメの真実

コラム・6

日夜飛距離アップに励む皆さんは、ダウンスイングで「タメ」を作るべし！と、動画などを撮ってご自身のスイングもチェックしていると思います。

しかし、一方向から撮る映像には視覚のトリックが隠されているのです。

写真❶と❷を比べると、❶のほうがタメが出来ているように見えますよね。ところが、実は❶も❷も手首の角度は90度で同じです。

正面から見た時に、クラブが寝た状態でイン側から下りてきている❶は90度以上曲がって見え、クラブが立ってアウト側から下りてきている❷は90度よりほどけているように見えるのです。

つまり、正面から見てタメが無いように見えるほうはアウト側から下りていて、タメが出来ているように見えるほうはイン側から下りているということ。これがトリックで、タメは手首を動かして作るものではないのです。

皆さんが憧れるトッププロのスイングはタメが強く見えますよね？　つまり、インサイドからクラブが下りているということなんですよ。

3

股関節を上手く使えばお尻の筋肉で飛ばせる

回転スピードアップと重いインパクトを作る

基本のゴルフスイングに、いかにパワーを上乗せすることが出来るか。前章では「テコの原理」を利用したスイングについて解説しました。

今章は「回転スピードをアップさせる」ことに重点を置き、そもそも回転スピードを生み出しているのはどこの力なのか、回転スピードをアップさせるにはどこを速く動かせばいいのか……など、スイングの「キレ」にも繋がる、大切な「回転スピード」についての解説をします。

回転スピードアップのキーワードは「股関節とお尻の筋肉」です。下半身の力を使って回転スピードを上げ、重いインパクトを作れるようにレッスンしていきましょう。

01 股関節とお尻の筋肉を最大限に使えるアドレス

①
②
①真っ直ぐ立ちます。
②股関節からしっかり曲げます。

ここでまたアドレスのお話です。38頁でもアドレスについて解説しましたが、ステップ1では「とにかく速く振り下ろす」ためのアドレスで、あまり前傾しないように！　などとお話をしました。今回は、精度の高いゴルフスイング構築、および下半身の力をしっかりクラブに伝えるためのアドレスについて解説します。

まず、足を伸ばして真っ直ぐに立ってください。次に、股関節からしっかりと上半身を前傾させます。その状態のまま、伸ばした膝を少しだけゆるめましょう。腕は脱力し、真下に垂らしたところでグリップを握ります。これが基本のアドレスです。38頁で紹介したアドレスよりも股関節がしっかり曲がっていますね。

この章では股関節や下半身の使い

OK!
⑤構えます！
5
4
3
④脱力した腕を真下に垂らします。
③膝を少しゆるめます。
POINT
股関節をしっかり曲げ
膝を少しゆるめること！

方・筋肉などについてお話ししていきますが、それらの基礎となるのがこのアドレスです。股関節をしっかり曲げて構えてくださいね！

02
股関節の使い方を覚える

❹ 右肘を引き上げ、左肩を下げる。（この時がトップの骨盤の動き）

❺ 左肘を引き上げ、右肩を下げる。（この時がフォローの骨盤の動き）

もっと詳しく！動画解説

前頁でお話しした基本のアドレスを踏まえ、今回は股関節を上手に使うための「股関節体操」を紹介します。

まずは足を肩幅に広げ、股関節から前傾します。その状態で腕をだらんと垂らしてください（❶〜❸）。

次に、右肘を曲げながら肩方向に向かって右腕を引き上げましょう。合わせて左腕は下に向かって下がります（❹）。右腕を引き上げきったら少し間を置き（タメを作るイメージです）、そこから一気に右腕を下ろします。下に向かって打つ正拳突きのような感じですね。この時、同時に左腕は先程の右腕のように上へ引き上げてください（❺）。

この体操は右腕を引き上げた時がトップ、左腕を引き上げた時がフォロースルーの股関節の動きとなっています。慣れてきたら、右腕をダウンス

股関節の使い方を覚える

股関節体操

1 真っ直ぐに立つ。
2 股関節からしっかり前傾する。
3 両手をだらんと垂らす。

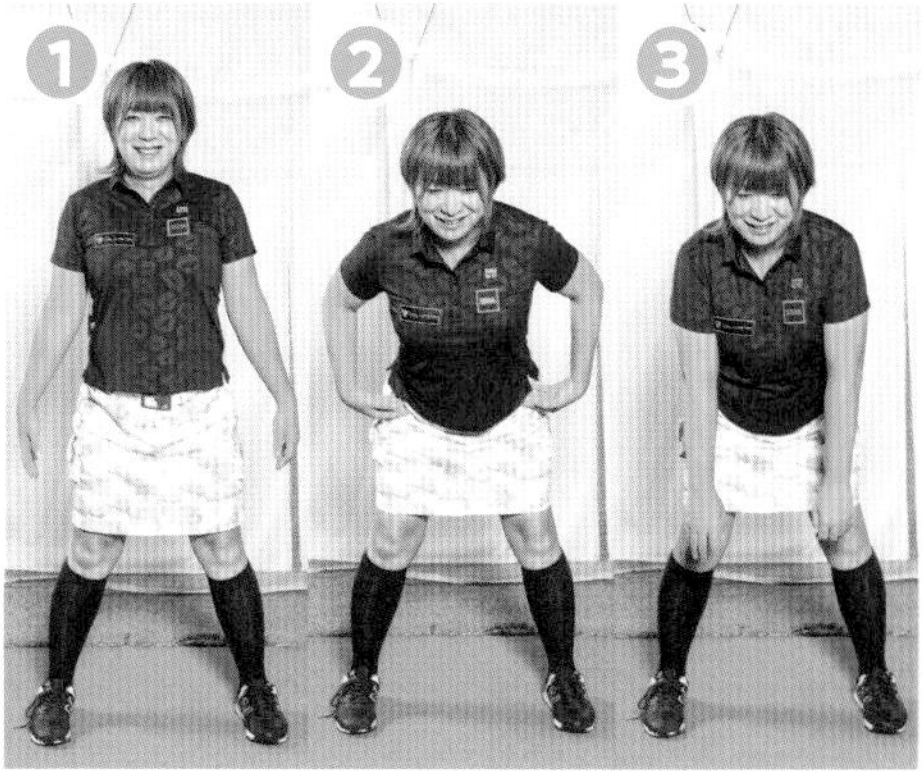

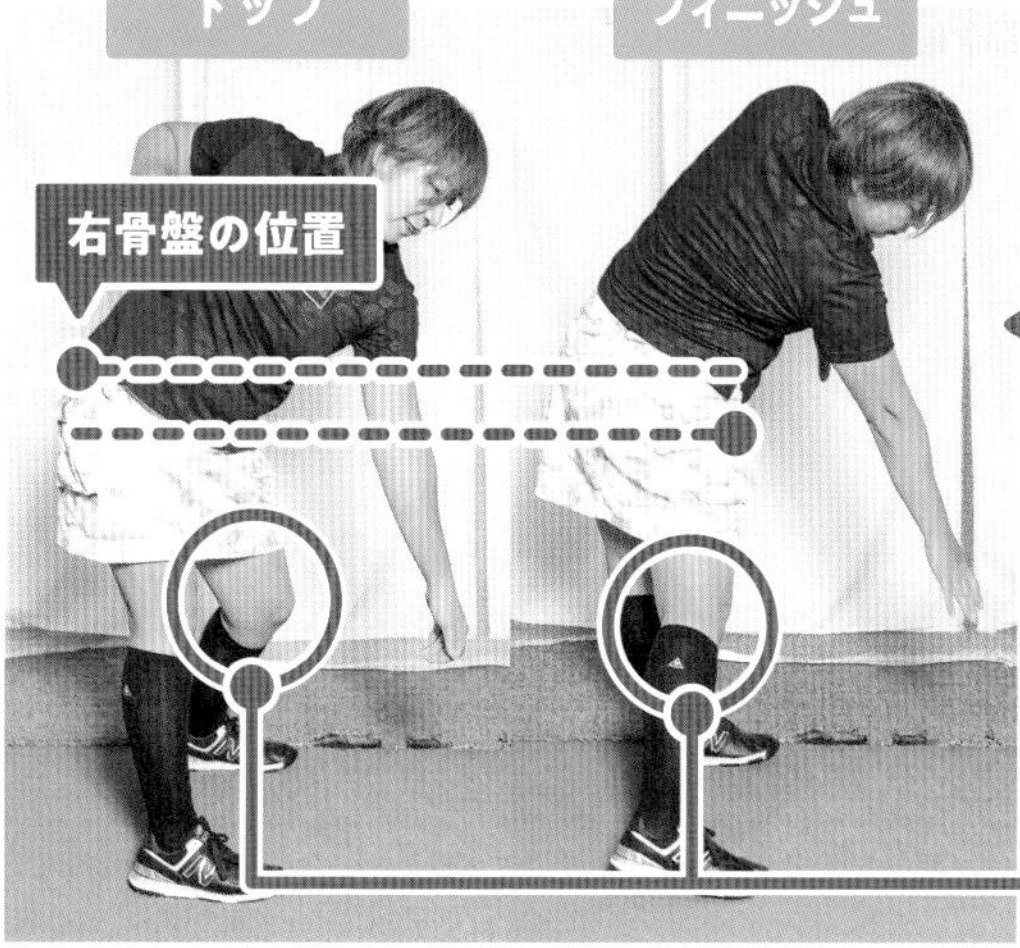

POINT!
前傾しているため、股関節の位置は「上下」します！

下がるほうの膝はしっかり曲げます。


イングのように「一瞬で速く！」と意識して下ろすと、より効果的ですよ。

　また、この体操は骨盤の回転と位置（高さ）を意識しながら行いましょう。

　股関節から前傾すれば、当然骨盤も背骨も前傾します。その状態で回転するのですから、右腕を上げれば右の骨盤は上に向かい、左の骨盤は下に向かいます。左腕を上げれば、その逆の動きになりますね。

　この、骨盤が「上下」に回転するイメージが大切です。右を上に左を下に、という意識で股関節を回転させると、自然と膝の動きも連動し、右膝は伸び左膝は曲がります。フィニッシュに向かって、曲げた膝を伸ばす力がスイングのキレに繋がるのです。

　是非、骨盤の動きを意識しながら「股関節体操」を繰り返し練習してみてくださいね。

トップとフィニッシュで右肩の上下位置はこんなに変わります！　左肩も右肩とは逆の動きで上下動します。

03

肩は水平回転ではなく縦回転する

スイングの途中で身体が起き上がってしまう人は多いです。股関節の前傾角度をキープしましょう！

前頁では、しっかり前傾すると股関節が上下方向に回転するとお話をしました。

股関節が上下に回転するということは、肩も地面と水平ではなく上下方向に回転するということです。

トップでの右肩と左肩、フィニッシュでの右肩と左肩、それぞれ見比べてみれば、上下の高さにかなり差がついていますよね。

114頁でお話ししたように高さを1階2階で例えると、アドレス時の肩の高さが1階で、トップでの右肩の高さが2階なら、右肩が上がった分、下がった左肩は地下に潜る程低くなっています。そこからスイングすると、地下にあった左肩はフィニッシュ時には2階の高さまで上がり、右肩は2階から地下まで一気に下がる

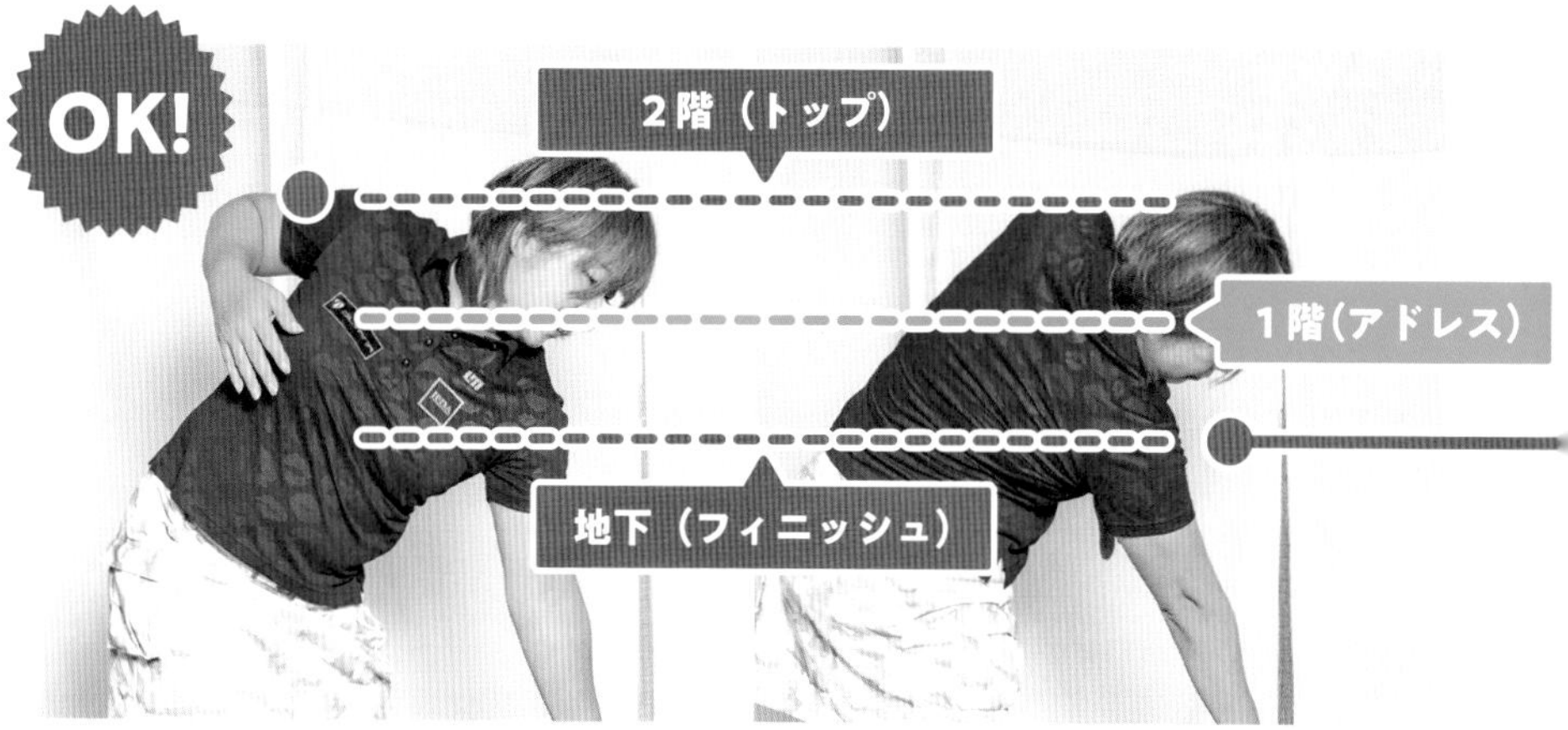

ことになりますね。

そう考えると、肩はかなり縦方向に近い回転をし、上下方向に動いているのです。

腕を上げる動きにつられて前傾させた軸が起き上がってしまう人が多いのですが、トップで左肩を下に潜らせるイメージを持つと、前傾軸をキープすることが出来ますよ。

肩の回転についても考えてみましょう。例えば直立したまま地面と水平にクラブを振った場合、フェースがボールに対して真っ直ぐになるタイミングは一瞬しかありません。ところが、（実際にはあり得ませんが）股関節を90度倒して構えると、スイングの軌道が縦回転となり、ボールに対してフェース面が真っ直ぐになる時間が長くなります。

プロゴルファーでもパターを前傾深く構える選手がいますが、まさにこれは肩を縦回転させて軌道を真っ直ぐにしたいからですね。

肩は縦回転したほうがインパクトゾーンを線で捉えやすくなります。したがって方向性も良くなるのです。

ここで縦回転のお話をしたのは、後程解説する股関節の角度と深く関わってくるからです。「股関節の前傾角度はアドレスからフィニッシュまで変わらないことが理想」と考えている方は多いと思いますが、実はそれが飛ばない原因のひとつとなっているかもしれません。

詳しくは後程説明をしますので、まずは「肩を縦回転させる」というイメージを強く持ってくださいね。

04

股関節の切り上げスピードが速いとスイングにキレが出る

ゴルフスイング時の股関節は、地面と水平に、横回転するのではありません。

実際は、バックスイングの際に右腰が上に向かってギューッと上がり、反対に、左腰は下に向かって下がる。そしてダウンスイングからフィニッシュまでで、今度は逆に左腰が上に向かい、右腰が下がる。

股関節の動きとしては、縦方向に近い回転で上下動しています。

よく、ヘッドスピードを速くするために「腰の回転スピードを上げましょう」と言われますが、腰の回転は股関節の上下運動により行われるのです。

では、膝を動かさずに股関節を上下させることが出来るでしょうか？

トップで沈んだ左腰が上に向かって切り上がる、そのスピードと強さが回転スピードに繋がります。
左腰の位置
POINT!
強く速く切り上げるためには曲げた膝を一気に伸ばす力が重要！
トップ

出来ませんよね。

そう、股関節を上下動させるのは膝の曲げ伸ばしの力です。股関節を速く動かしたいのなら、曲げた膝を一気に伸ばす必要があります。

つまり、「腰」を速く回したいのなら「膝」をしっかり曲げ伸ばさないといけないのです。

「曲げたものを伸ばす」膝のスピードと力が、股関節、そして腰の回転スピードを上げます。

腰の回転スピードが上がることで、スイングにも「キレ」が出るのです。

以上のことを踏まえ、158頁の「股関節体操」も股関節の上下動、特に膝の曲げ伸ばしを意識しながら練習してみてくださいね。

05 左膝の外旋が股関節のキレを鋭くさせる

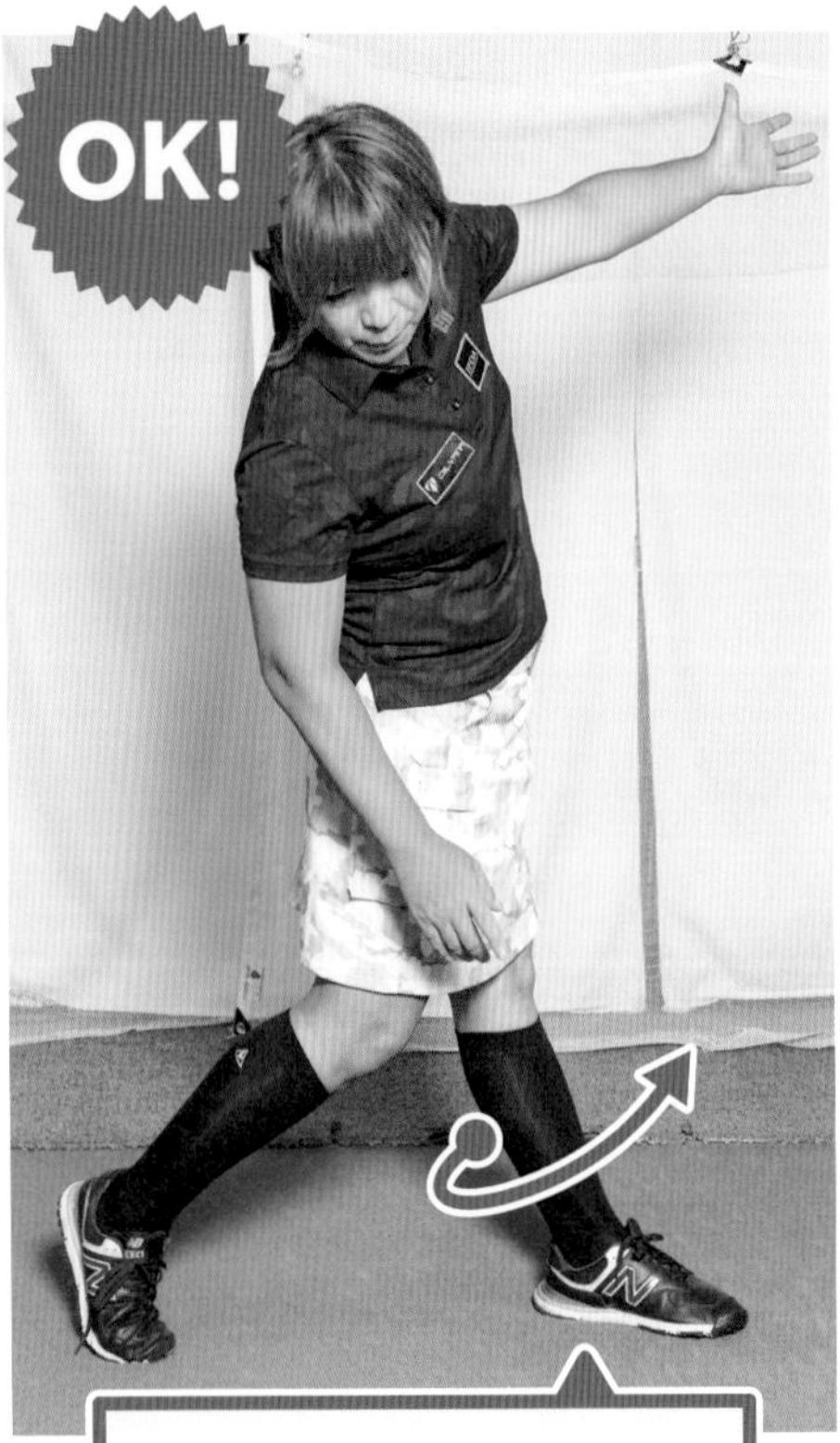

曲げた膝を伸ばす動きに加え、外側に向かってひねることで更に回転スピードが増します。

前頁までの、左膝を「曲げて伸ばす」動きに、更に「ひねる」力を加えます。左膝に外側へ回す外旋の動きもプラスさせ、更なる回転スピードアップを図りましょう。

スイング時、下半身を安定させるために左足を動かしてはいけないと習った方は多いと思います。しかし、フィギュアスケート選手の回転ジャンプを思い出してください。膝を上下に曲げて伸ばすだけでなく、回転する側（外側）に向かってひねる動きも取り入れていますよね。

身体を速く回転させるには、単なる上下動だけでなく外側に向かってひねる力も必要です。インパクトの瞬間、曲げた左膝を伸ばすと同時に、外旋させるようにしましょう。

練習段階では、左足のつま先が外

外旋する力は、フィギュアスケートの回転ジャンプを想像すると捉えやすいです。

ドリル紹介

左足外旋ドリル

木の板などを足の間に挟み、左足を外側に向かって外旋させながらスイングしてみましょう。足がブレることなく外旋する力を感じられます。

側に大きくめくれて動くくらい外旋させて大丈夫です。最終的に方向性を整える際は大きく動かないほうがいいですが、まずは速く外旋させることを身体に覚え込ませ、回転力をアップさせていくことが大切です。

　ドリルとしては、木の板を両足のカカトで挟んだまま左膝を曲げ、伸ばすと同時に左のつま先を外旋させるようにします。木の板を間に挟むことで左のカカトを動かさず、足の形を崩さないまま思いきり外旋させることが出来ます。

　このドリルを繰り返し、下半身を外側に向かって速く動かす感覚を覚えていきましょう。下半身が速く回るようになれば、上半身もそれにつられて速く回ります。結果的に、ヘッドスピードアップも見込めますよ。

06

トップで左のつま先に体重が乗ると左足で強く地を蹴ることが出来る

右足に全体重が乗っていると左足を強く踏み込めません。

左膝・左肩を深く沈ませるイメージで、左つま先にも体重を残しておきましょう。

ここまで、回転スピードを速くするには膝の曲げ伸ばしが重要だとお話ししましたが、そうはいってもなかなか上手く出来ない！　という方もいるでしょう。

そういう方の多くは、切り返しの瞬間に体重の大半が右足に乗ってしまっているのです。

曲げた膝を伸ばす力が強い程、回転スピードは上がります。

つまり、左足で地を蹴る力、踏み込む力が重要なのです。

ところが、切り返す瞬間に体重のほとんどが右足側へ乗っていたらどうでしょう？　左足を強く踏み込めませんよね。

では、どうすれば左足に体重を乗せられるのでしょう。

バックスイングはクラブを右上に

胸の回転が90度以上
OK!
左足に体重が乗る

胸の回転が90度以下
NG
左足に体重が乗らない

OK!

向かって上げていきますから、普通なら右足に体重がかかります。

しかし、ここで60頁で紹介したように、胸を90度以上回してみてください。胸が上を向けば向く程、左のつま先にも体重が乗ってくるはずです。

胸を90度以上回して、左膝をぐっと沈める。そうすれば自然と左足に体重が乗り、より強く踏み込むことが出来るようになりますよ。

また130頁でも触れたように、振り子運動の力は支点を左右に振ることでより強くなります。

トップで胸を深く回すことによって切り返しの瞬間に左つま先に体重が乗り、そこで支点が少し左へ振られるからこそ、ダウンスイングからの腕の振り下ろしが速くなるのです。

07

テコの原理と連動した下半身の使い方

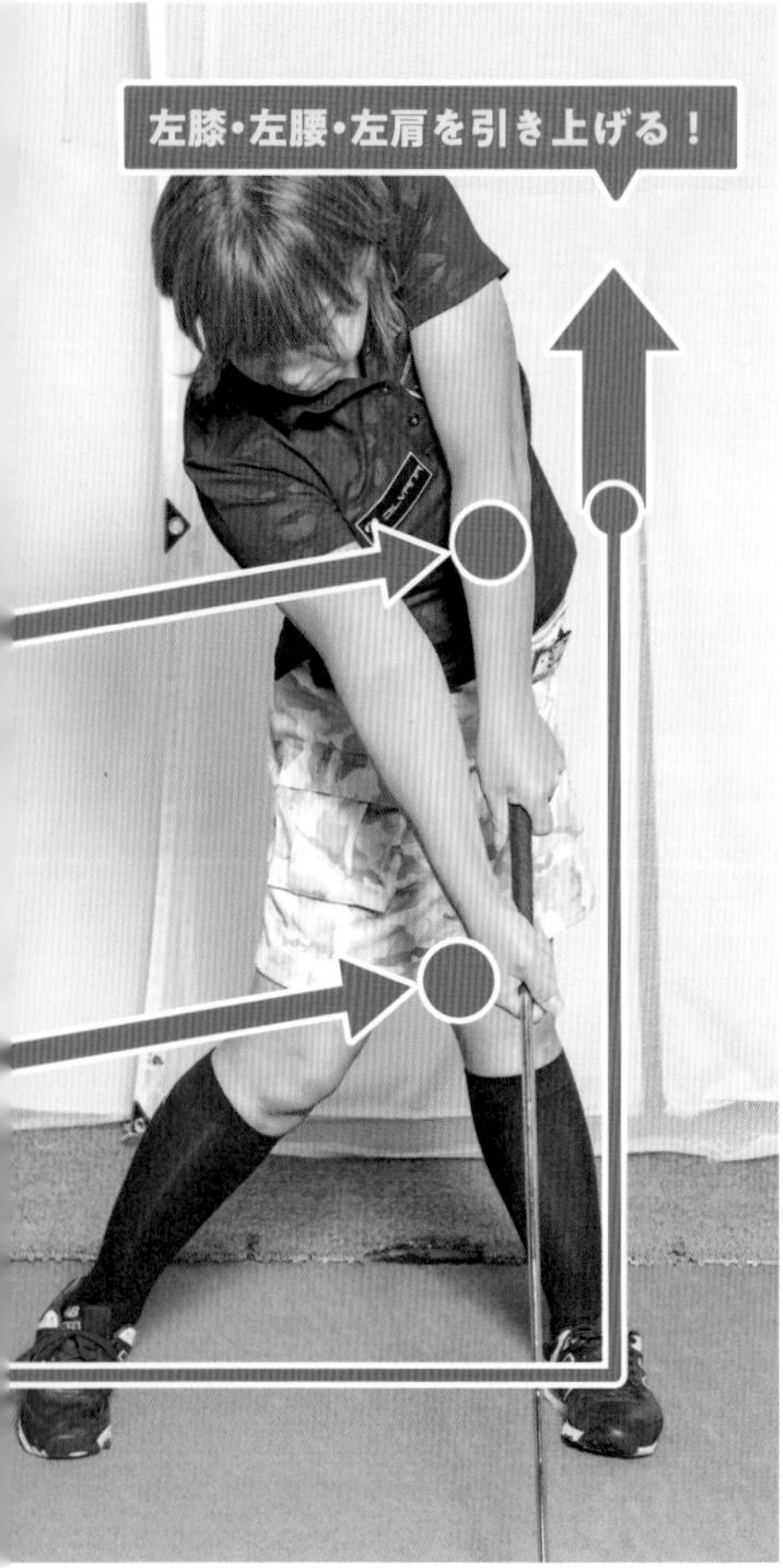

今回は、前章で紹介した「テコの原理」を取り入れたスイングに、ここまで解説してきた股関節の動きをどう連動させていくか、というお話です。

150頁で紹介したスイングでは、空いた左脇のスペースを使い、右手を支点に左肘を右側に入れ込むような動きで「テコの力」を使いましたが、これに股関節の上下動、「左腰を切り上げる」動きをミックスしましょう。

ここまで説明してきた通り、股関節を使ってスイングすると、トップで右肩は上がり、左肩が下がります。そしてダウンスイングからは左肩が上がり、右肩が下がる。

この「左肩が上がる瞬間（曲げた

曲げた左膝を伸ばす力、左腰を切り上げる力を利用して、右手を支点に、左腕を上に引っ張るイメージでテコの力を使います。

左膝を伸ばす瞬間）」に、右手支点で左腕を上へ引っ張るようにしてテコの力を使います。

いかがでしょう。150頁で紹介したスイングより、実際のゴルフスイングの形に近くなってきたのではないでしょうか。

前章で紹介したドリルを繰り返し、肘が引けないスイングを身体に覚え込ませたら、次は股関節の切り上げとミックスして練習してみてくださいね。

もっと詳しく！
動画解説

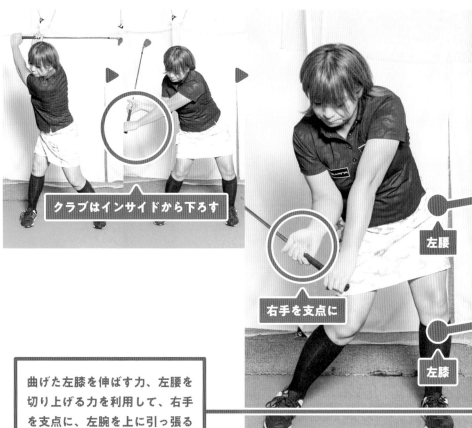

08

「バックスイングで膝を動かさない」は 絶対にやってはダメ

膝を動かさずにジャンプが出来ないように、スイングも膝を曲げないと腰が上下方向に回りません。

よく聞くゴルフメソッド、「腰の回転スピードを上げましょう」とか「腰のキレを良くすべし」といったものは、全て股関節の上下動、ひいては膝の曲げ伸ばしの力・スピードから発生しています。膝を速く動かせないことには腰も速くは回らない、ここまでそんなお話をしてきました。

しかし「バックスイングで右膝を動かしてはいけない」とか、「左膝が前に出てはいけない」など、一般的なゴルフ論により「膝を動かしてはいけない」と思っている人が実に多いです。

でも、膝を動かさなければ股関節は動きません。股関節が動かないのに、上半身だけで回転しようと思っても限界がありますよね。回転スピードが上がらないため、スイングに「キレ」も出てこない。

POINT!
曲げた膝を伸ばす力（左足を踏み込む力）が腰を速く回す！
曲げないと伸ばせない！

ですから、「膝を動かさない」という意識はもう捨ててしまいましょう！　右腰・右肩を上げようと思えば自然と右膝は伸びますし、左腰・左肩を下げようと思えば左膝は曲がります。58頁で触れたように、膝を固定してしまうと上半身が回らず深いトップは作れません。

また、正しくバックスイングすれば、自分で思っている以上に左半身はギューっと下に沈みます。むしろそれくらいやらないと、意外な程下がっていないことも多いのです。

「膝を動かさない」という常識を捨て、左膝をギューっと曲げる意識でバックスイングしましょう。トップで自分の左半身がどれだけ沈み込めているか、自身で動画などを撮ってチェックするのもおすすめですよ。

09 ゴルフスイングにはスクワット運動が隠されている

フィニッシュ

身体がしっかり起き上がって股関節も伸びています。

一般的なゴルフ論やレッスンなどで、「前傾角度をキープしましょう」という話を聞きませんか？　アドレス時に曲げた股関節の角度をキープしたまま最初から最後まで振ったほうがいい、というイメージを持っている方は多いと思います。

でも、果たしてこれは本当でしょうか？　スイングを分解して考えてみましょう。

アドレスでは股関節がしっかり曲がって胸も下を向いていますが、フィニッシュでは股関節も背中も、真っ直ぐ「伸びて」いますよね。

回転運動が入るのでわかりにくいのですが、最初は曲げていた股関節も最後は真っ直ぐになっています。

つまり、ゴルフスイングには曲がっていた股関節が伸びるスクワット的

アドレス
トップ
インパクト
股関節を曲げて前傾します！

お腹でボタンを押すイメージ。

NG
股関節の角度を保ったままなら、フィニッシュはこうなるはず。

な上下運動も含まれているのですね。

そのことに気が付かず、「股関節の角度を最後までキープしないと！」と振っている方はとても多いです。

次頁以降で詳しく解説しますが、このスクワット運動によるお尻や太ももの筋肉の動きが、ショットのパワーを生み出します。

しかし、多くのゴルファーが股関節の角度をキープすることを意識しすぎて、そのパワーを使えていないのです。

股関節の角度は最後までキープしません。曲げた股関節を伸ばすイメージ、例えばフィニッシュ方向に大きなボタンがあるとして、そのボタンをお腹で押す！　くらいのイメージで股関節をグッと伸ばしていきましょう。

10 お尻の筋肉を使うとより強い瞬発力を出せる

曲げた膝・股関節を伸ばして持ち上げる

膝と股関節を曲げ、それらを伸ばしながら持ち上げると、より重い物が持てます。

腕だけで持ち上げる

「ゴルフスイング」というと、ついメソッドありき、理論先行で考えてしまいがちですよね。最初は動きにくいとか、力が入れづらいなどの違和感があっても、次第に「そういうものなんだ」と思い込んでしまうのです。しかし、一般的なゴルフメソッドが身体や筋肉の構造上一番力が入る動きかというと、必ずしもそうではありません。

例えば前頁で紹介した、スイングの中に隠されている「股関節のスクワット運動」。一般的には股関節の前傾角度をキープしたまま振るのがセオリーですが、それでは下半身のパワーが上手く使えません。

重量挙げを想像してみてください。股関節と膝をしっかり曲げバーベルをつかみ、その次にバーベルを「腕の力だけで持ち上げる」のか、「曲げた膝、股関節を伸ばすように持ち上げる」のか、どちらがより重たいバーベルを持ち上げられるでしょう？　当然、後者ですよね。

重い物を持ち上げるには強いパワー、つまり下半身の筋肉、特にお尻や太もも裏の筋肉が重要なのです。そして、これは当然ゴルフにも通じます。

しかし先程も触れたように、こと「ゴルフ」となると、どうしても理論が先行しがちで、「股関節の角度をキープしたまま！」振ってしまう人も多いです。でもそれでは強い力を生み出せません。大きなパワーを生み出すには股関節の曲げ伸ばし、お尻から太ももの筋肉の力が必要不可欠なのです。是非、下半身の筋肉を意識しながらスイングしましょう。

ＹｏｕＴｕｂｅ「万振りゴルフ部」のメンバーには「みゆきちゃん」というトレーナーがいますので、私も日々トレーニング方法やエクササイズ等を教えてもらっていますが、元々私はドラコン選手として結果を残すため、柔術の元アジアチャンピオンであり世界で活躍されていた宍戸勇トレーナーにご指導いただいてきました。そのため、柔術での身体や筋肉の使い方が私の飛ばしのノウハウにプラスされています。

柔術や格闘技の世界ではケトルベルを使ったトレーニングをする選手が多くいます。ケトルベルトレーニングとは、重いケトルベルを瞬発的に高く持ち上げる運動ですが、腕力だけではとても持ち上げられない重量をしています。重いケトルベルをフワッと浮かぶように持ち上げるためには、股関節の力を使い、お尻や太もも裏の筋肉と腕の動きを連動させなくてはいけません。この複合的な筋肉の使い方が、一般的なゴルフメソッドには入っていないのです。

トップで右股関節の上にしっかり体重を乗せパワーを溜めて、ダウンスイングで一気に股関節を伸ばし回転スピードを上げていきましょう。

小さな力でも、使い方次第で爆発的な力を生み出すことが出来ますよ。

ケトルベルトレーニング。下半身の筋肉と腕の力を連動させて股関節を曲げ伸ばすことで驚異的な瞬発力が生まれます。

11 筋肉を連動させると回転スピードが上がる

空手
速く動かしたい腕と「反対」の腕を動かすことで、スピードがアップします。
野球

人間の身体は背中側の筋肉がエックス（X）、斜めに繋がっていると言われています。

また、右と左の動きを逆に連動させることによって、より速く身体を動かせようになるのです。

例えば空手の正拳突き。右のパンチを速く出したいと思ったら、左を後ろに引きますよね。左手を全く動かさないで、右のパンチを速く重く打つことは出来ません。

野球のピッチャーもボールを投げる時に左腕を前に出しますが、これも前に出したままでは速い球を投げられませんよね。右腕を振り下ろすと同時に左腕と左肩を後ろに回転させていきます。

このように、左右の筋肉を逆の動きで連動させることにより、身体が

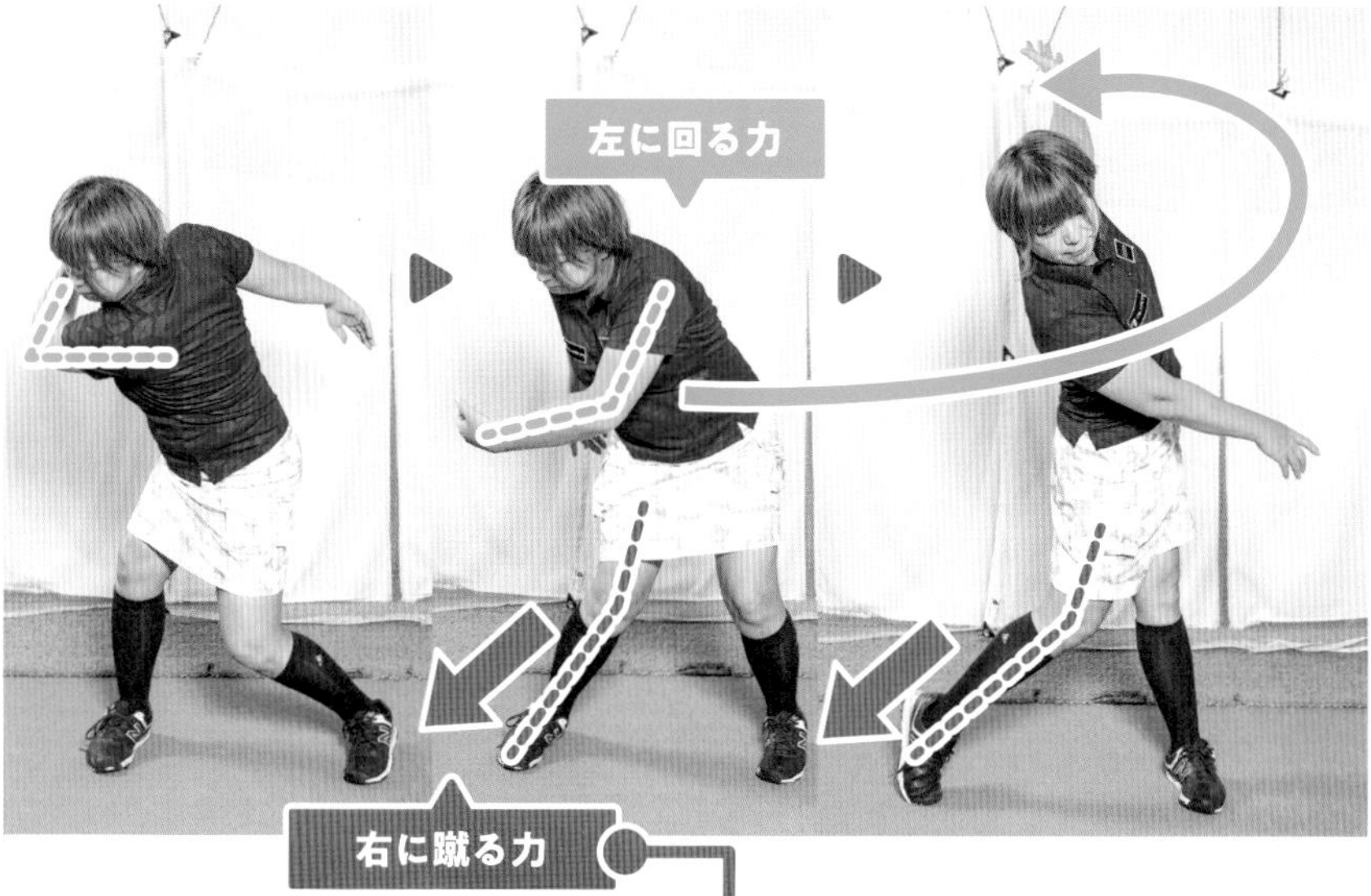

左方向に速く回転したい場合は、右足の蹴る力が重要！　右足で蹴った力を左足で受け止め、インパクトにパワーを集中させたいですね。

速く動くようになるのです。

　では、ゴルフスイングで身体の回転を速くするには、どこを動かせばいいのでしょうか。

　ゴルフスイングの回転は進行方向（多くは左）への回転です。右に向かって90度以上ひねった上半身を左サイドへ回していきます。

　左上半身を速く回したければ、連動するのは右下半身、つまり右足側です。

　右足、正確には右太もも裏の筋肉ですね。ここに力を入れ、右足で地をしっかり蹴る！　こうすることで、左上半身を速く回すパワーが生まれます。

もっと詳しく！
動画解説

12 飛距離を伸ばすための右膝の蹴り

小指が浮くくらいのイメージで、右足の内側に体重を乗せる。

右足が斜めになっているから、左に向かって体重移動がしやすい！

前頁までで、お尻の筋肉と右ふともも裏の筋肉を使い股関節を伸ばすと爆発的なパワーが生まれる、というお話をしました。今回はこの部分をもう少し細かく説明します。

股関節を強く伸ばすためには右足で地を蹴る必要がありますが、この時、「どのように」蹴るかが大きなポイントです。

進行方向（左）に向かってウェイトを乗せたいのですから、右足はそれとは逆方向（右）に向けて蹴ります。反復横跳びのように、左横に向かって蹴って飛ぶイメージですね。

この時注意してほしいのが、「右足の真上」に「完全に」体重を乗せてはいけない、ということ。右足の内側（左側）に体重の比重を置いておかないと、左足に向けての体重移

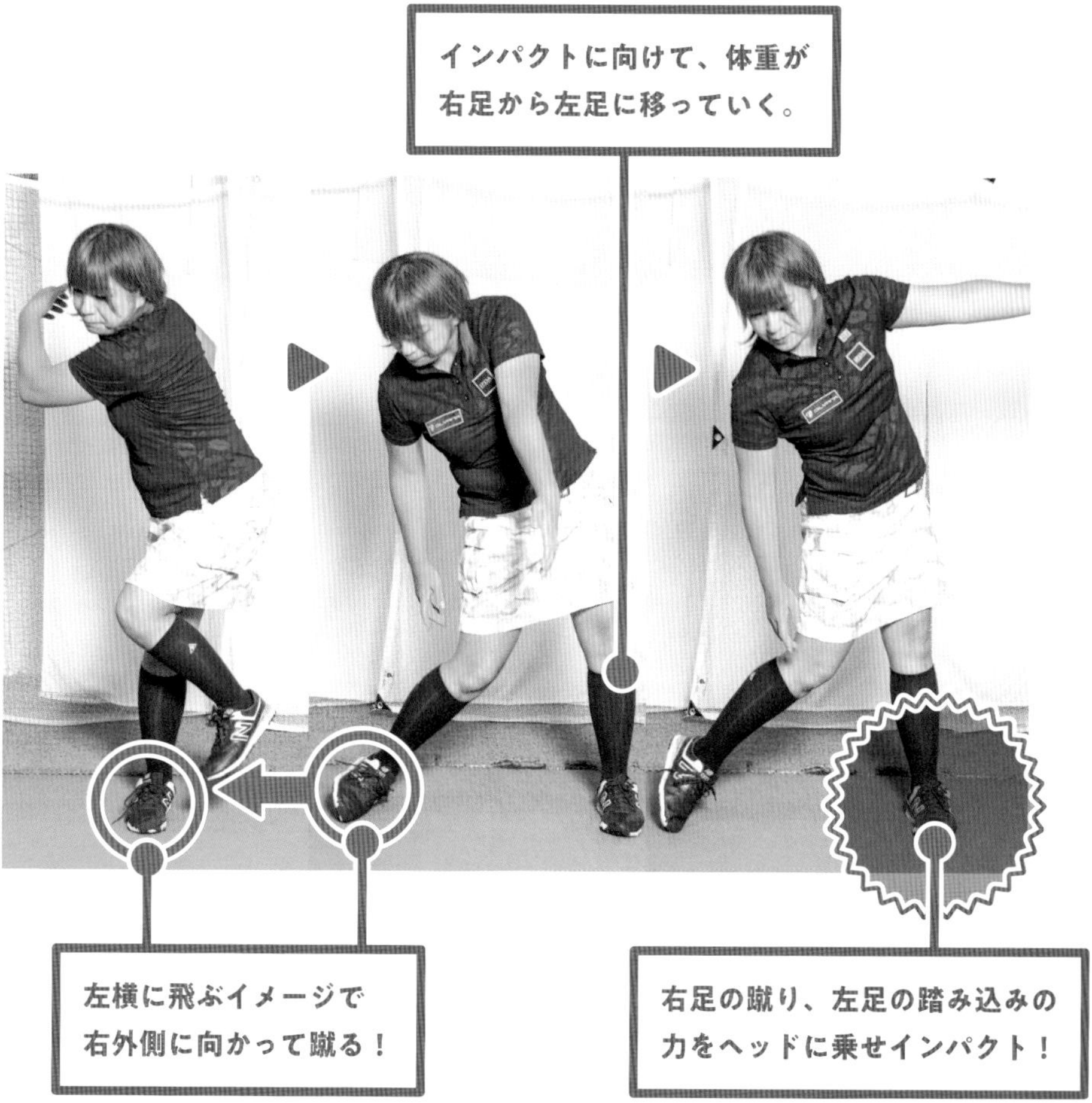
インパクトに向けて、体重が右足から左足に移っていく。
左横に飛ぶイメージで右外側に向かって蹴る！
右足の蹴り、左足の踏み込みの力をヘッドに乗せインパクト！

動がスムーズに行えません。

この場合は、極端にいえば右足小指側が浮くくらいのイメージでもって右足の内側に体重を乗せ、左に向かって蹴り込みます。

正面から見た際に右足が地面と直角になるのではなく、左に向かって斜めに傾いていることもポイントです。斜めに傾いていることで自然と体重が左に移りますので、右足を蹴ると同時に、より強く左足を踏み込むことが出来ます。

右足の蹴った力を左足で受け止め、更に体重を乗せて踏み込みながら打つ。94頁で紹介した壺破壊のイメージで、インパクト1点に力を集約させるよう、右足・左足を使っていきましょう。

重い物を持ち上げる筋力と速く動かす筋力は違う

コラム・7

「飛距離アップしたい！」というと、「じゃあ筋トレだ！」と考える人も多いと思います。筋トレをして重い物を持ち上げるパワーを手に入れて、さあこれで飛距離アップだ！……と、上手くいくかといえば、なかなかそうもいきません。

筋トレ自体がプラスにならないとは言いませんが、重い物をゆっくり持ち上げる筋力と、軽いものを速く動かす筋力は別物です。どんなに重い物を持ち上げられるマッチョな人でもヘッドスピードは今ひとつ……というのはよくあること。

重い物を持ち上げる筋肉が発達していても、それを速く動かせなくてはヘッドスピードは上がりません。ステップ1で「速く振る感覚を覚える」ことを繰り返しましたが、速く振る感覚を知らなければ、身体も速く動きようがないのです。

トレーニングをするなら、ウェイトトレーニングより体幹部を鍛えるトレーニングや、軽い物を速く動かす、瞬発力を上げるトレーニングのほうがおすすめです。

軽い素振り棒を使って速く振りちぎる練習や、タオルドリル、そして素振り練習を繰り返し行うことで、脳に速く振る感覚を刷り込むことが出来ます。

また、トップで胸を深く回すためにも、ストレッチをして柔軟性を上げたり、稼働域を広げたほうが、結果的には飛距離アップに繋がります。

飛距離を伸ばしたいのでしたら、練習時間の一部をストレッチにあてましょう。そして、球を打つよりも素振りをたくさん行ってください。私のレッスンの生徒様たちも、50分の練習時間の中で球を打つよりも素振りをしている時間のほうが圧倒的に長いです。

球を打つ練習は楽しいですが、地道な素振り練習にこそ飛距離アップの近道が隠されているんですよ。

4

ハンドファーストインパクトで初速アップと方向性アップを実現

初速を上げるにはハンドファースト

前章で身体の回転スピードを上げるには腰の回転、ひいては股関節の切り返し、膝の曲げ伸ばしが重要であるとお話をしました。でんでん太鼓のように、体幹部が速く回れば２つの腕も速く回ります。下半身を使って回転スピードを上げ、上半身を使って安定したゴルフスイングを構築したいですね。

今章では、クラブヘッドよりも手元が先に走る「ハンドファースト」でスイングする効果について触れ、「ハンドファースト」で振ることが、どう初速アップと方向性アップに繋がるのかを解説していきます。

01 腕と肩で作る三角形は「直角三角形」に

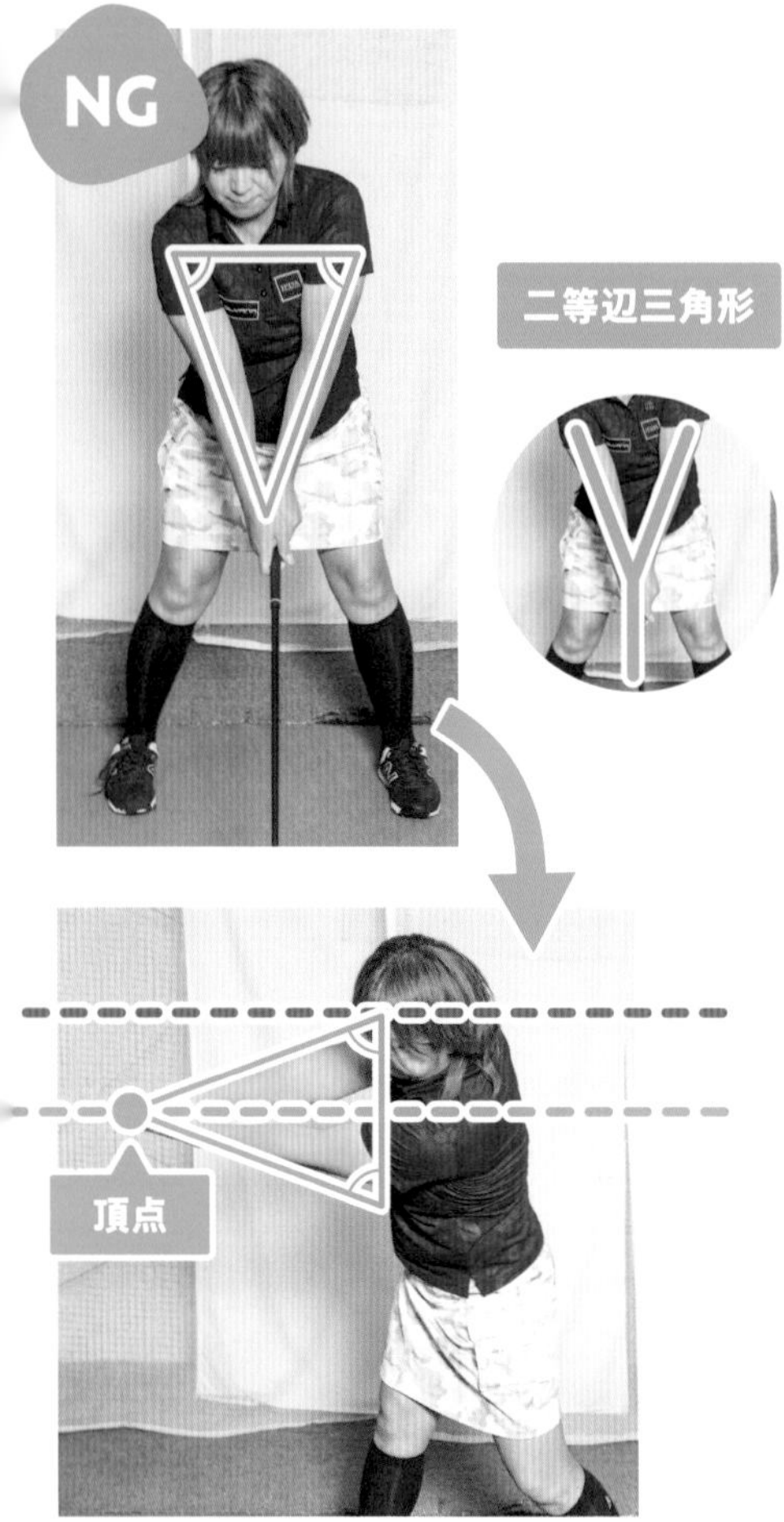

156頁では下半身の筋肉を使うためのアドレスについて紹介しました。今回は、加えてアドレス時の上半身の形について解説します。

皆さんは、構える際に肩と腕で作る三角形が、「何」三角形になっているか考えたことはありますか?

特に意識せず構えると二等辺三角形になると思いますが、是非これを右肩と右腕を直角にした「直角三角形」の形にしてみてください。

グリップを握る手元を頂点として、頂点が真ん中にある二等辺三角形と、頂点が右側にある直角三角形を90度回せば、直角三角形の頂点のほうが高い位置になりますよね。

つまり、右肩と右腕が直角になるよう構えたほうが、トップで手元をより高い位置に持っていけるのです。

直角三角形

右肩と右腕が直角になる直角三角形を作り、ボールに合わせて手元を左に寄せます。

左腕とシャフトが一直線になっていると、ハンドファーストで振りやすくなりますよ。

90度回転させた時に、直角三角形のほうが高い位置に頂点がくる。

二等辺三角形でバックスイングすると、直角三角形で構えた時より上がらない分を更に自分で引き上げなくてはいけません。しかし、引き上げた分は戻さないとインパクトゾーンで誤差が生じてしまいます。

その誤差を少なくするためにも、手元が一番高く上がる「直角三角形」の形で構えたほうがいいのです。

また、直角三角形を作る時は、左腕の角度がシャフトと一直線（小文字yの形）になるよう構えましょう。

ここで腕とシャフトがYの形になると、このあと詳しく解説するハンドファーストの形で振りにくくなってしまいます。注意しましょう。

是非「直角三角形」と「yの字」を意識して構えてみてくださいね。

02

インパクトのロフト増加を防げる

通常でもヘッドが上を向き始めたところでインパクトするドライバーショット。ハンドレイトで振ると、よりヘッドが上を向き、ロフト角が開いてしまいます。

ハンドファーストだとヘッドが手元より遅れて動くため、ロフトが立ちやすいです。

もっと詳しく！
動画解説

この章で解説する「ハンドファースト」の効果のひとつに、ロフト角の増加を防げる、ということがあります。

ドライバーのヘッドに注目してください。手元が後ろにある状態（ハンドレイト）だと、ヘッドが若干上向きになりますよね（❶）。

ドライバーのロフト角は9・5度や10・5度くらいが一般的ですが、この状態だと15度以上に開いてしまっています。

では逆に手元が前にある状態、ハンドファーストではどうでしょう。ボールに対してロフトが立っていますね（❷）。

42頁でお話ししたように、ドライバーショットはインパクト時には既にヘッドが上がり始めています。こ

NG

❶ハンドレイト

OK!

❷ハンドファースト

れに加えハンドレイトになることで更にロフト角は増加、せっかくのドライバーのロフト角が実際には15度以上になってしまいます。これではスプーンと同程度にまで増加してしまっていますね。

ハンドファーストでインパクトに向かうことによって、本来のロフト角でボールを打ち出すことが出来るのです。

飛距離の3大要素は「初速」「バックスピン」そして「打ち出し角度」。

もし初速が出ていたとしても、打ち出し角度が高すぎたり低すぎたりしては飛距離が効率良く伸びません。ハンドファーストインパクトの意識で、適正な打ち出し角度を実現出来るようにしましょう。

03 ハンドファーストになるとヘッドスピードも上がる

ヘッドを背中に巻き付かせるように下ろすイメージを持つと、インサイド側で下ろせます。この時点で手元が前、ヘッドが後ろになっているので、このまま振れば自然とハンドファーストになりますね。

前頁でハンドファーストがロフト角の増加を防げるというお話をしましたが、ではどうすればハンドファーストで振れるのでしょうか。

実は、このステップ2で解説してきたスイングが構築出来ていたら、自然とハンドファーストで振れるようになっているのです。

126頁で紹介したように、飛球線と45度で交わるラインと平行になるようインサイドから下ろせば、自然と「手元が前、ヘッドが後ろ」という位置になります。

そしてそのままインパクトへ向かえば、結果的にハンドファーストになるのです。

ハンドファーストであるということ

この時点でこれだけ後ろにあるヘッドが一気にインパクトへ向かうのですから、当然ヘッドスピードは速くなります。
ハンドファーストで振り、テコの力も利用すれば、インパクト直前にヘッドを走らせることが出来るのです。

とは、手元より遅れて下りてきたヘッドが一瞬でインパクトへ向かう、ということでもあります（上図参照）。

加えてテコの力を使えば、インパクト直前に、よりヘッドを走らせることが出来てヘッドスピードも上がりますね（150、168頁参照）。

ハンドファーストというと、「飛ばないんじゃないの？」と思っている方もいるでしょう。

しかし、ハンドファーストの意識で振ることによって、先述したようにインパクトゾーンでのヘッドスピードは上がります。

更に前頁で紹介したロフト角も維持出来れば、結果的に飛距離はアップするのです。

04

インパクト後に「ヘッドが走ると飛ぶ」という考えは錯覚

基本は、ヘッドスピードが同じならインパクト後にどう振っても初速は変わりません。

「ヘッドが走れば飛ぶ」という言葉、皆さん一度は聞いたことがあるのではないでしょうか。では、ヘッドがどの辺りで走ると飛距離は伸びるのでしょう。皆さんはどの辺りでヘッドを走らせたいと思いますか？

多いのは「インパクト後、フォロースルー側で走らせれば飛ぶ」と思っている人なのですが、実はこれ、錯覚なんです。

ここまで何度もお話ししていますが、ボールはクラブヘッドに当たった瞬間から飛び始め、どんどん離れていきます。飛び出し始めたボールに追いつくことは不可能ですよね。

つまり、インパクト後にいくらヘッドが走っても、どれだけ頑張ってフォローを振っても、ボールに影響は与えられないのです。

ヘッドスピードが同じならフォローでどう振っても初速は変わりませんが、フォローで手首を返してヘッドを走らせようとすると、インパクトに誤差が生じやすくなります。結果、ショットの方向性が乱れてしまうことも。

見方を変えれば、ハンドファーストでインパクトしてもヘッドスピードは変わらない、ということ。ハンドファーストは飛ばないと思っている方は多いかもしれませんが、それは誤解です。

フォローでヘッドが走れば飛ぶと思っている人は、インパクト後にヘッドを走らせようと必要以上に手首を返したりして、不要なローテーションを入れてしまいます。それでは方向性に影響が出かねません。

「フォローを走らせれば飛ぶ」は錯覚であると知り、ダウンスイングをどれだけ速く振り下ろせるか、インパクトにどれだけパワーを乗せられるか、そこで勝負するようにしましょう。

05 ハンドファーストによりインパクトゾーンが線になる

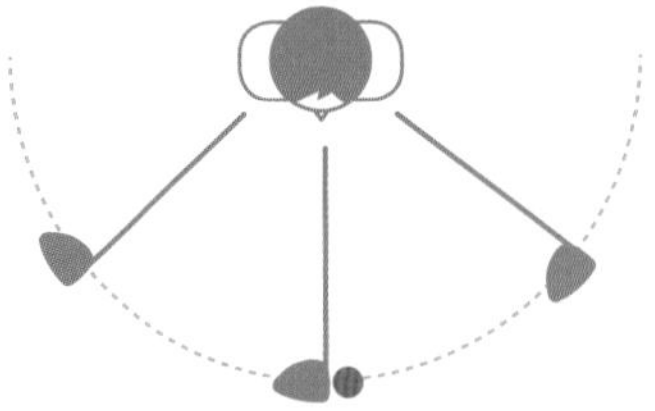

スイングは円軌道のため、フェースが真っ直ぐ当たる場所は1点しかありません。少しでも開いたりかぶるだけで、ボールは曲がってしまいます。

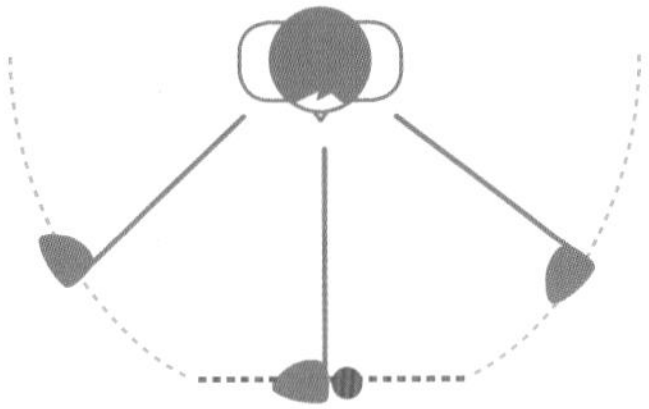

インパクトゾーンを線で捉えることで、ボールに対してフェース面を真っ直ぐ当てやすくなります。

ゴルフスイングは自分を中心とした回転運動であり、スイングプレーンは「円」を描きます。当然、フェース面が真っ直ぐ当たる箇所は最初に構えた1点しかありません。

そこに誤差が生じた場合、例えばフェース面がほんの少し開いたりかぶったりするだけで、ボールは曲がってしまいます。

しかし私たちは人間です。どうしたって誤差は生まれますし、ただ1点を毎回同じ角度で打つことは不可能に近いでしょう。

ですから、インパクトゾーンを「点」ではなく「線」で捉えるようにします。

円軌道でありながら、インパクトゾーンだけを直線で通過するイメージですね。直線で捉えるため、方向

通常の回転 ▶ インパクトを点で通過

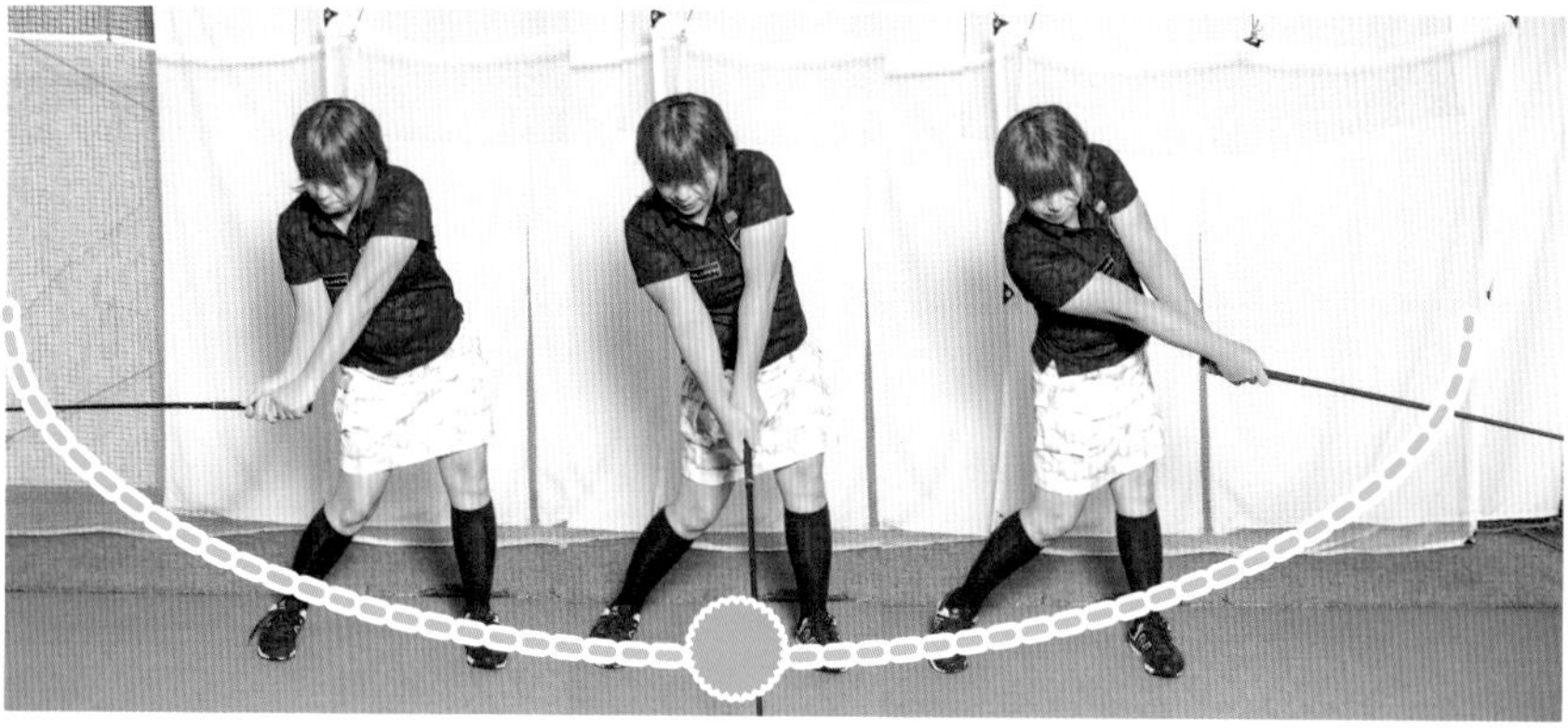

ハンドファースト ▶ インパクトゾーンを線で通過

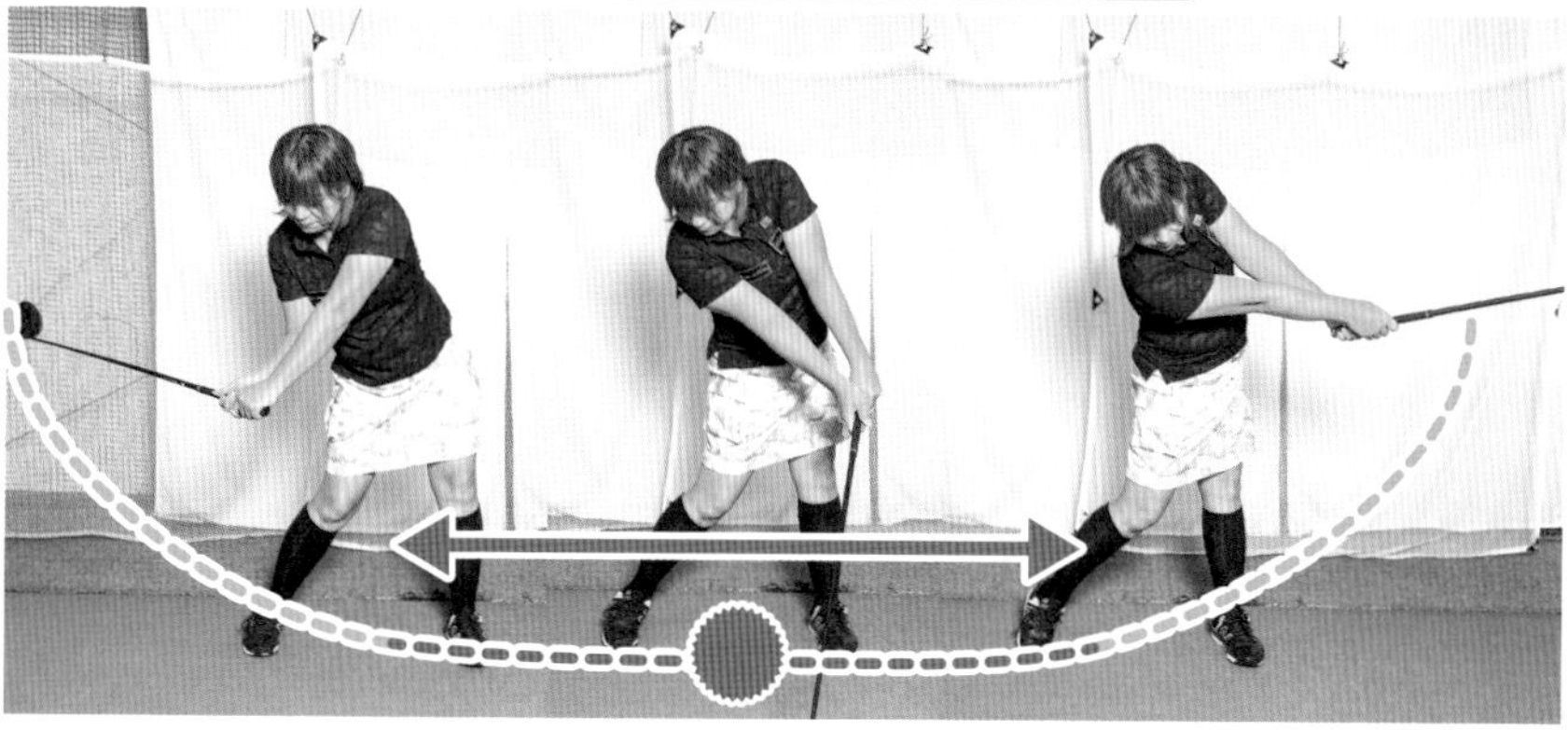

性も良くなります。

ではどうすればインパクトゾーンを直線で捉えられるのか。

これも「ハンドファースト」です！インパクトゾーンを直線で捉えるイメージでスイングすれば、手元が先に走る分、クラブもその軌道を追って動きます。

ヘッドファーストで動くよりインパクトゾーンでの軌道をコントロールしやすくなるのです。

ステップ3では軌道とフェース面の関係性について触れますが、その際もインパクトゾーンの軌道を出来るだけ「線」にしたほうが、より方向性を整えやすくなります。

方向性を整えるスイング構築のためにも、この「ハンドファースト」は大切なポイントなのです。

06 肘を縦に畳むとローテーションされない

インパクトの後、腕を回していくのではなく、縦に「畳む」。

これまで128頁などで触れたように、フォローで肘を畳むイメージを持つと、不必要に手首を返さなくなる、不要なローテーションをしなくなる、というお話をしてきました。

「肘を縦に畳む」というと、突拍子もないことのように思われがちですが、実際のスイングではインパクト後も身体は回り続けるため、肘を畳んだ頃には案外良いフィニッシュの形になるのは前述したとおりです。

また、肘を縦に畳む意識を持つことで、クラブを横に倒したり、手首を返すようなローテーションを防ぐ効果もあるのです。

前頁の話にも繋がりますが、ハンドファーストで振りインパクトゾーンを線で捉える際、手首をローテーションすると、どうしてもフェース

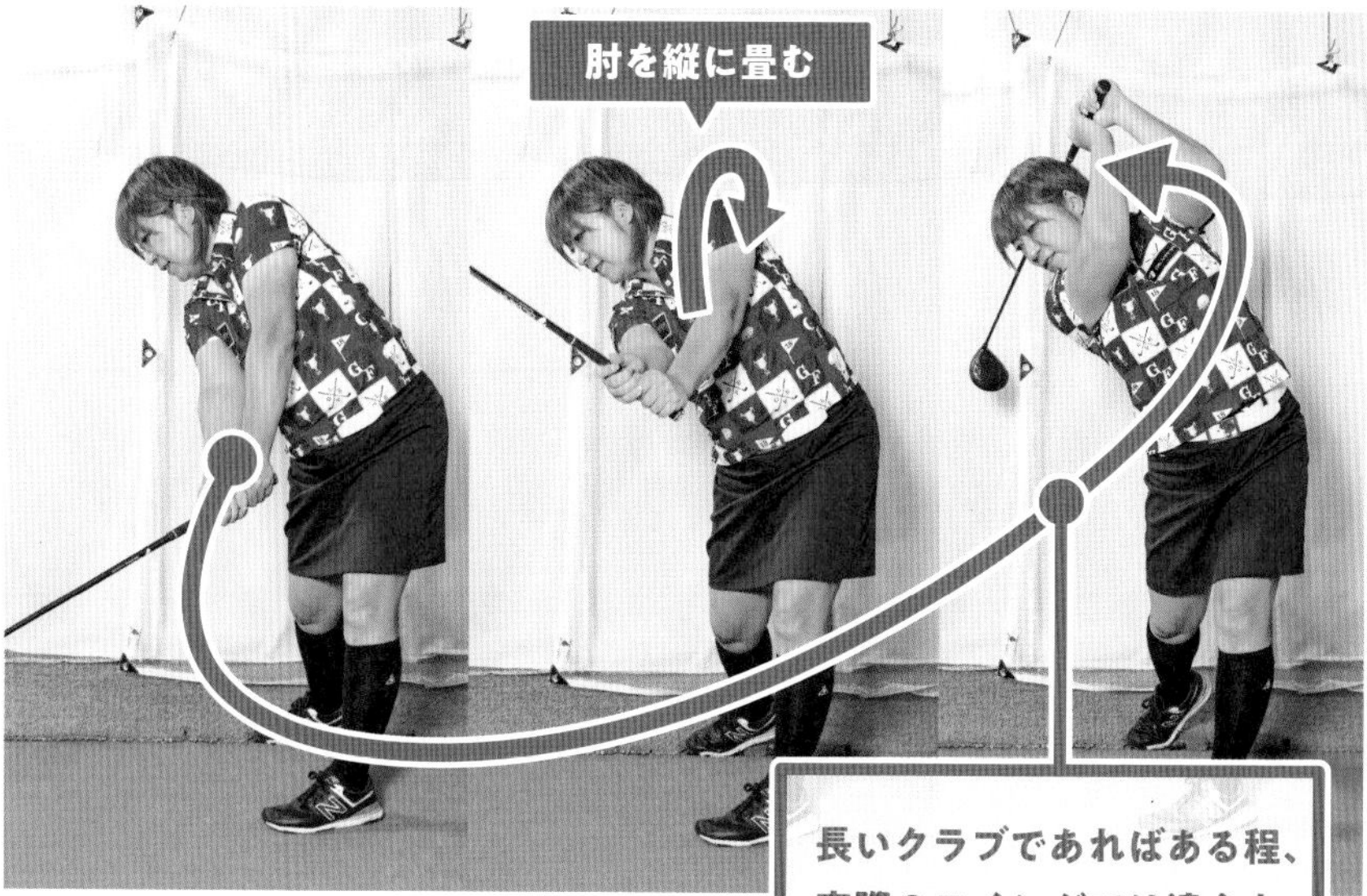
肘を縦に畳む
長いクラブであればある程、実際のスイングでは遠心力によって左側に90度倒れていきますが、イメージはこのような動きになります。

NG
自然に返ってしまうのはOKですが、意識的に手首を返したり、手首をローテーションすると、インパクトでブレる可能性があります。

が開いたり閉じたりといった誤差が生じます。せっかく線で捉えて方向性を整えようというのに、その後のローテーションのため方向性がブレてしまっては元も子もありません。

スイングには強い遠心力が働きますから、肘を縦に畳む意識を持っていても実際にはかなり外側に引っ張られると思います。しかしそれは回転運動として当然の動きです。意識的にインサイドへクラブを倒そう、インサイドへ振り抜こうとしては、結果インパクトで手元がブレてしまいます。

フェース面が安定さえしていれば、軌道とフェース面の2点でボールはコントロール出来ます（ステップ3で後述）。不要なローテーションは入れないようにしましょう。

フェース面とライ角の関係性

コラム・8

インパクトの際、クラブのフェース面がどの方向を向いているかによってボールの軌道は変わります。「フェースを真っ直ぐ当てているはずなのに曲がってしまう」とか「スライスを打つようフェース面を調節した筈なのに逆玉になってしまった」なんてことはありませんか？このような現象を考える際にまず理解してもらいたいのが、クラブの構造です。

フェース面というのは、構えた時に手元を下げてクラブの先（トゥ）が浮いた状態だと左に、手元を上げてヒール側が上がると右を向いていきます。まずはこの原理を理解しましょう。

初心者の方はインパクトで手元が浮きがちになるため、スライスが出やすくなります。逆に上級者が手元を押さえて振れるようになると、今度はショートアイアンが左に引っ掛かったりするようになるのです。これはドライバーや他のクラブでも同様です。

この、インパクトでのクラブの浮き具合をスイングではなくクラブ自体で補正しようというのが、「ライ角調整」と呼ばれるものですね。ライ角とは、クラブのソールが地面と水平になるように置いた時の、シャフトと地面の角度のことです。この角度を大きくすれば左方向に、小さくすれば右方向に出やすくなります。

また、スイングでもフェース面の向きは調整出来ます。ハンドファーストで当てれば左に行きにくくなりますし、ハンドレイト（＝ヘッドファースト）だと左に出やすくなります。

言葉ではなかなかイメージしにくいと思いますが、ヘッドに付けて手軽にフェース面の方向をチェック出来る練習器具も売っています。これを使って自分のフェースがどちらを向いているのか、チェックしてみるのもいいかもしれませんね。

ステップ

3

ナイスショットを打つための知識と練習方法

1

飛距離の３大要素を理解する

効率良く遠くに飛ばす方法

ここまで、ステップ１では飛距離を伸ばすために「速く振る」感覚を覚えること、ヘッドスピードの最大値をアップさせる方法などを解説しました。

次のステップ２では、いかに「効率良く」ボールを飛ばすかに重点を置き、ミート率を上げるスイング構築、回転スピードを上げる方法などについて触れました。

そして仕上げのステップ３は、スコアメイクに重点を置き、「ゴルフ力」を上げるための解説をしていきます。知ると知らないとでは実際のラウンドで差がつく話ばかりです。是非ご覧ください。

01

飛距離の3大要素は「初速」「打ち出し角度」「バックスピン量」

低すぎると…
すぐ地面に落ちてしまう。

少なすぎると…
ボールが浮かず地面に落ちてしまう。

これまでも何度か触れましたが、飛距離の3大要素といえば「初速」「打ち出し角度」「バックスピン量」です。

「初速」はボールの飛び出す速度ですから、当然速ければ速い程前に進む力があります。

しかし、もし「打ち出し角度」が高すぎれば上に上がってしまい前に進む力が少なくなってしまいますし、低すぎればすぐ地面に落ちてしまってキャリーが出ません。

また、「スピン量」が多すぎるとボールが上に吹き上がってやはり飛ばなくなってしまいますが、少なすぎてもボールが浮き上がらずドロップしてすぐ地面に落ちてしまいます。

以上が飛距離3大要素のおおまかな関係性です。言い換えれば、初速を上げて適正な打ち出し角度とスピ

初速
ボールスピード
インパクトから打ち出されるボールの速さ
速ければ速い程飛ぶ。

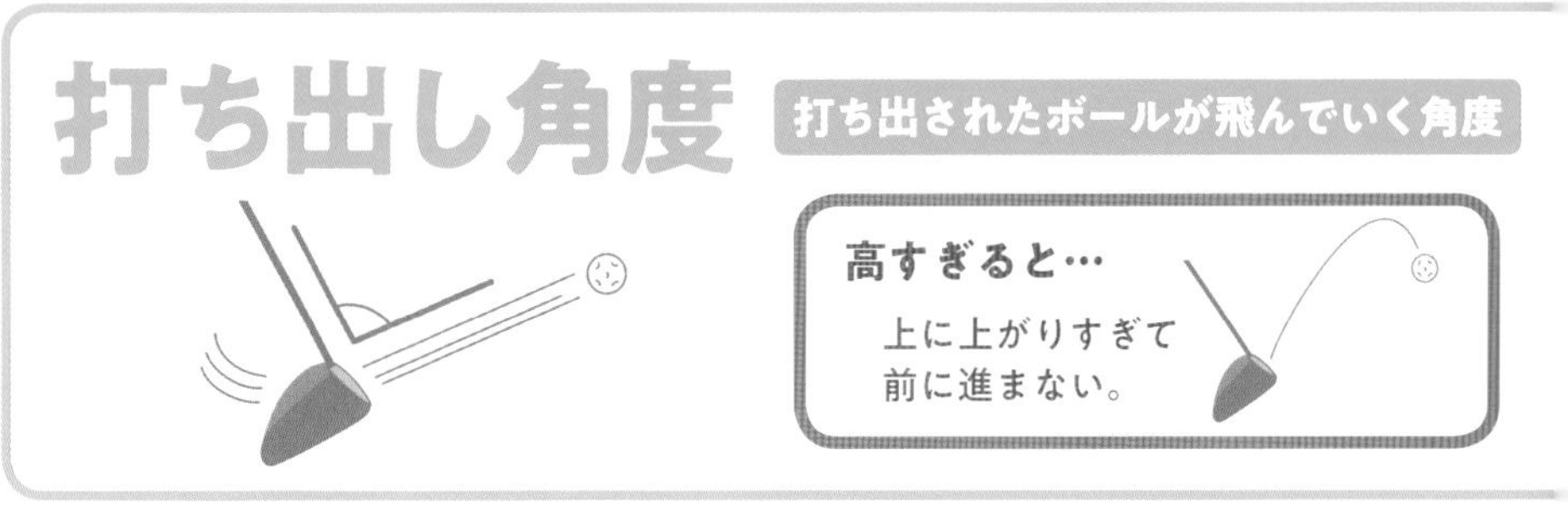
打ち出し角度
打ち出されたボールが飛んでいく角度
高すぎると…
上に上がりすぎて前に進まない。

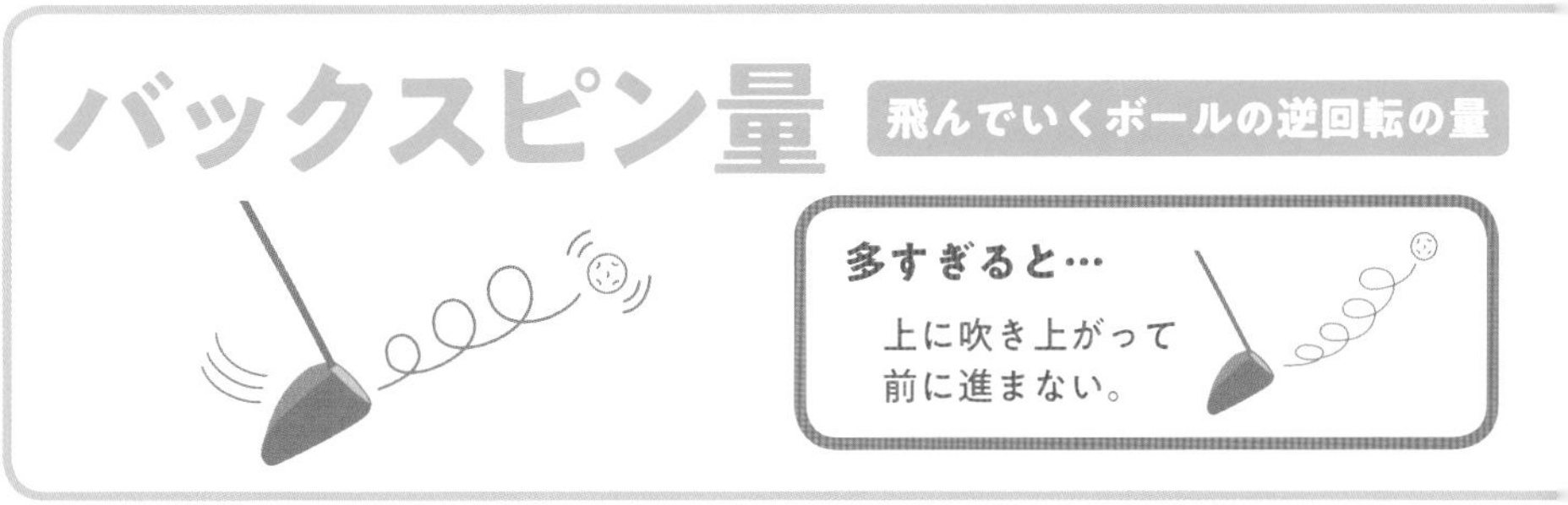
バックスピン量
飛んでいくボールの逆回転の量
多すぎると…
上に吹き上がって前に進まない。

ン量にすることで最大飛距離を手に入れられる、とも言えますね。

「初速」を上げるには、やはりヘッドスピードを上げることが一番の近道でしょう。同時に、ステップ2でお話ししてきた「効率良く飛ばすためのゴルフスイング」を構築出来れば、同じヘッドスピードでもより多くの力をボールに伝えられるため、初速は上がります。

ステップ1でお話ししたように「とにかく速く振る」感覚を覚え、ヘッドスピードを上げる。

ステップ2でお話ししたように、インサイドから下ろしてボールを横から叩く、シャフトと背骨の直角をキープする、テコの原理を利用してショットにパワーを上乗せする。

これまで説明した一つひとつを積み重ねて初速を上げていきましょう。

02 打ち出し角度が高く適正なスピン量にすればボールは遠くに飛ぶ

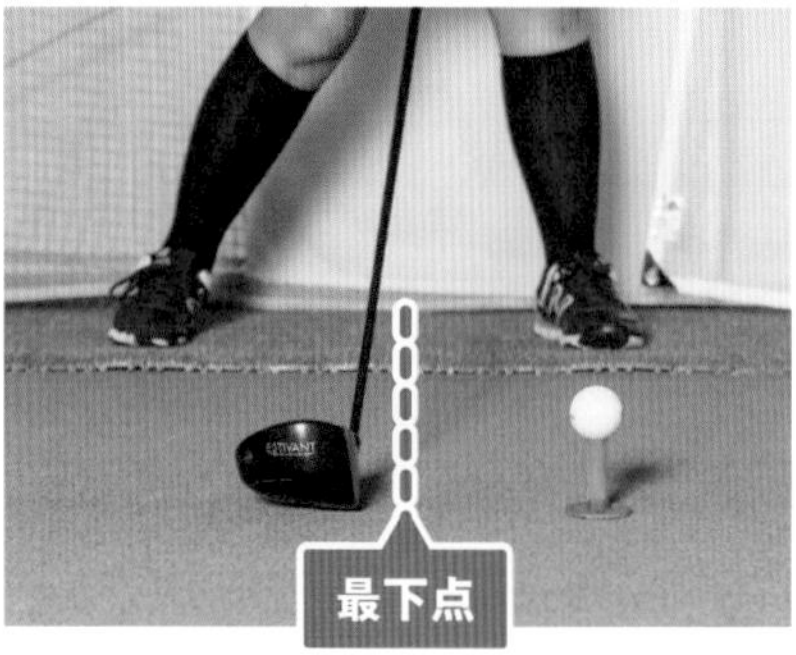

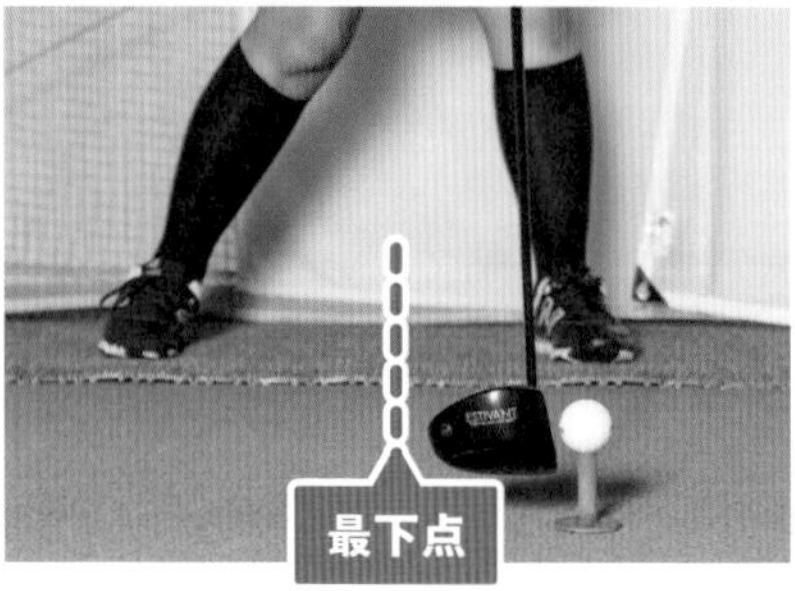

最下点よりも進行方向に寄せ高いティーを使うことで、ヘッドが下から入り、アッパーな球を打つことが出来ます。

飛距離3大要素の「打ち出し角度」と「バックスピン量」、高すぎても低すぎても、多すぎても少なすぎてもボールは飛びません。「じゃあどれくらいがいいの」と言いたくなると思いますが、これは各々のヘッドスピードやスイングの形で変わってきますので一概に「これ」という答えを出すことは出来ません。

しかし、言えることもいくつかはあります。

例えば、低い弾道で打てばランで稼げる、という説。実はヘッドスピード・初速が出ていない人が打つと、かえってキャリーが出ずに距離をロスしてしまいます。また、実際のシチュエーションでは、ランが出ないことのほうが多いです。アマチュアの方であれば、低い弾道で打つよりも、打ち出し角度は高めにしたほうがいいでしょう。

そして「バックスピン量を減らせば飛距離が伸びる」という説。実際、ヘッドスピードが50m/sを超えているような方であれば、スピン量を減らせば飛距離は伸びるでしょう。しかし、ヘッドスピードが50m/sに届かない方は、スピン量はある程度あったほうがキャリーは稼げます。ただただスピン量を減らせばいい、というわけでもないのです。

そもそも、アウトサイドインのカット打ちになっている方（とても多いです）は、バックスピン量が適正よりもかなり多くなっています。「スピン量を減らす」というよりは、「過度なスピン量を適正にする」と言ったほうがいいかもしれません。

まずはカット打ちを修正していきましょう。そのためにはステップ2でお話ししたように、インサイドの低い位置からシャフトを下ろし、真横からボールを叩いていくことです。

いかがでしょうか。人それぞれに違う「適正」を具体的な数値で述べることは出来ませんが、ヘッドスピードが50m/sに届かない方であれば、打ち出し角度は高く、スピン量は（多すぎず）適正にすることで、飛距離が変わってくるでしょう。

打ち出し角度を高くするには42頁で触れたように、ヘッドが最下点を越え、上向きになったところでインパクトします。最下点よりも左に球を寄せ、高いティーを使いましょう。この時、想定以上にロフト角が上がらないよう、ハンドファーストにすることも忘れないでください。

スピン量を適正にするには、まずはボールを横から叩いていくこと。加えて、フェースの芯（いわゆるスイートスポット）か、芯より少し上にボールを当てることで、スピン量を抑えることも出来ます。

「初速」「打ち出し角度」「バックスピン量」、それぞれのバランスを取ってみてください。

フェースの芯（スイートスポット）か、芯より少し上に当てるとバックスピンの量が減らせます。

コラム・9

飛距離アップに最適な環境とは？

この本を読んでくださっている方の多くは「飛距離を伸ばしたい」と思っていることでしょう。そして、飛距離を伸ばす練習には広い練習場が最適、と考えているのではないでしょうか。

それが実は逆なのです。飛距離を伸ばしたい時こそ狭い練習場、特にインドア練習場がおすすめです。

なぜなら、飛距離を伸ばすためには何よりヘッドスピードを上げることが重要で、そのためには、繰り返し説明してきたように、球の行方を気にせずに練習して欲しいからです。

この「速く振る感覚を覚える」時にナイスショットを出す必要はないのですが、球の方向が見えると、どうしても気になってしまいますよね。スライスが出ていれば無意識に直そうとしてしまうのが人の性です。

ところが、インドア練習場の的打ちならボールがどこに飛んだかわかりません。速く振ること、ヘッドスピードを上げることだけに集中出来るのです。

この時、シミュレーターを使うと球の行方が見えてしまうので屋外練習場とあまり変わりません。簡易計測器だけを使って、速く振ること1点に集中すると伸び率が大きく、私のレッスンでも平均7㎧くらい上がります。

球の行方を気にせず、とにかく速く振ることだけに集中すると、信じられない程にヘッドスピードが上がるのです。

お近くにインドア練習場が無い場合は、球を打たずに簡易計測器を置いての素振り練習も効果的です。

ただ単に素振りをしていても飽きてしまいますが、ヘッドスピードの数値がわかれば楽しく練習が出来ます。

ヘッドスピードを上げる段階では、簡易計測器を使っての練習がおすすめですよ。

2

フェアウェイキープ率が２倍上がる考え方

球を曲げるとフェアウェイキープ率が大幅に上がる

スコアメイクという観点から、狙った所に打てることは大事なポイントであると同時に、大前提でもあります。ショット毎、右に左にどちらに曲がるかわからないようでは、プレーの見通しが全く立てられませんよね。

この章では、いかにフェアウェイキープ率を上げスコアメイクしていくか、そのために必要なスキルや考え方をご紹介します。

01 ボールはストレートに狙わない

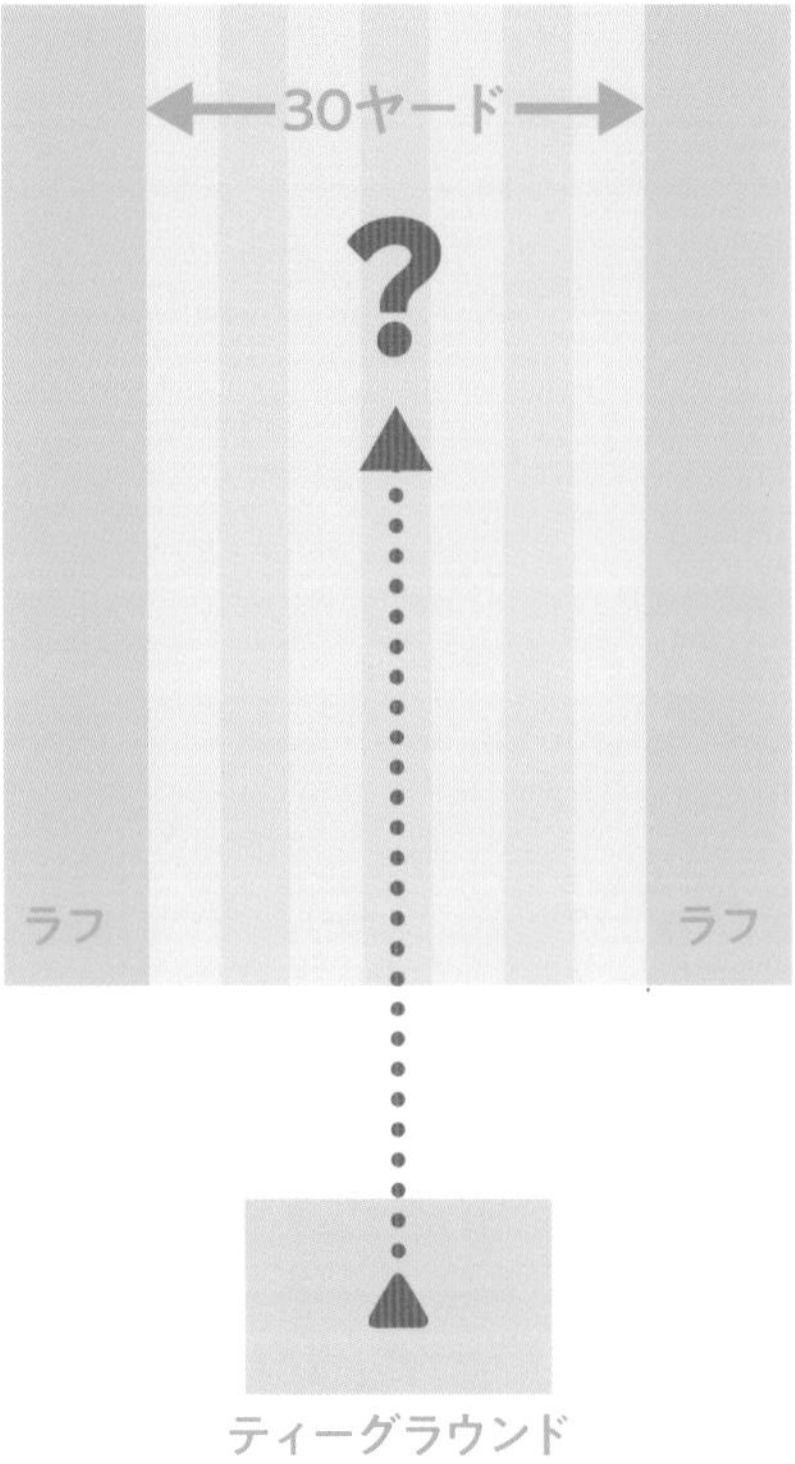
30ヤード
?
ラフ
ラフ
ティーグラウンド
皆さんはティーグラウンドのどの辺りで構えて、フェアウェイのどこを狙って打ちますか？

皆さんはボールを打つ時、どこに向かって打つイメージを持っていますか？

ティーショットの場合なら、フェアウェイの真ん中を狙ってストレートに飛ばすイメージを持っているのではないでしょうか。

目標に向かって真っ直ぐ飛ばせることは最高に理想的な形ではありますが、「毎回」「必ず」「真っ直ぐに」飛ばせる人なんていないですよね。

フェアウェイの真ん中を狙う人は「どちらに曲がるかわからないから、どちらに曲がってもいいように」という意味でも真ん中を狙っているのだと思います。

しかし、そこに落とし穴があるのです。

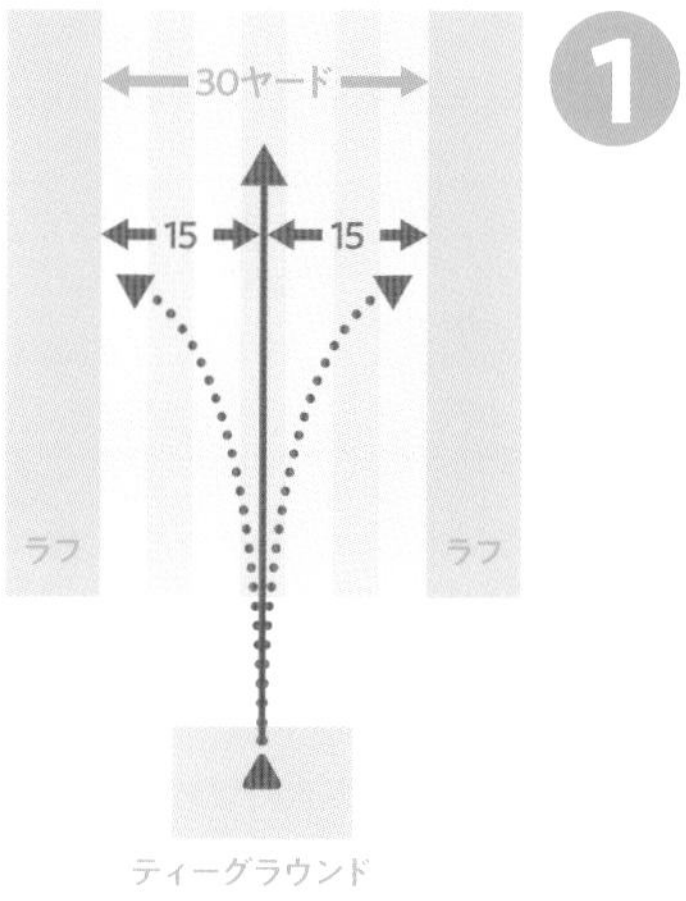

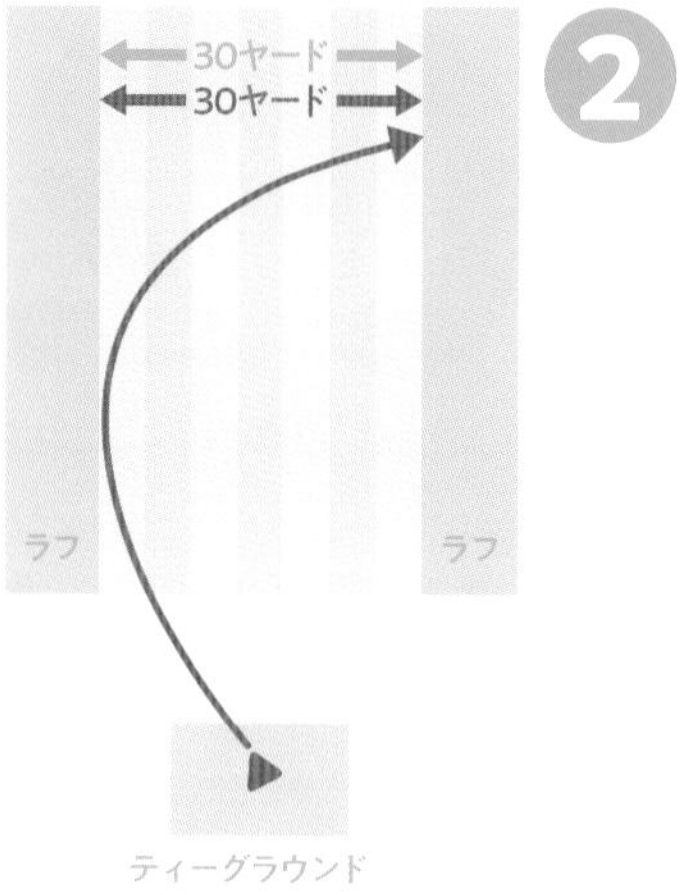

例えば、フェアウェイの横幅が30ヤードある場合、フェアウェイの真ん中を狙って打つと、右も左も15ヤード以上曲がったらラフに入ってしまいます（❶）。

それに対して、最初からスライスしか出ないとわかっていれば、フェアウェイの左サイドを狙って打てば30ヤードスライスしてもフェアウェイをキープ出来るのです（❷）。

いかがでしょう？　この場合、真ん中を狙って打った時より2倍の曲がり幅まで許されますよね。2倍曲がってもいいと思えば、気持ちもグッと楽になりませんか？　単純に言えば、2倍ゴルフが簡単になるということです。

ストレートボールを理想とし、曲がり癖を直したいと思っている方は多いと思いますが、どちらに曲がるかわからないストレート狙いのショットより、絶対に右（もしくは左）に曲がるショットのほうが、どちらに曲がるかわかる分、安心感があると思いませんか？

次頁で詳しく解説しますが、フェアウェイキープ率を上げたいなら、ストレートを狙うより、曲げて狙ったほうがキープ率は上がります。

曲がることを悪とせず、思い切って曲がりをどちらか片方にする練習をしてみましょう。ショットの計算が出来る分、スコアメイクしやすくなりますよ。

02 対角線に狙うと直角三角形の理論でフェアウェイを広く使える

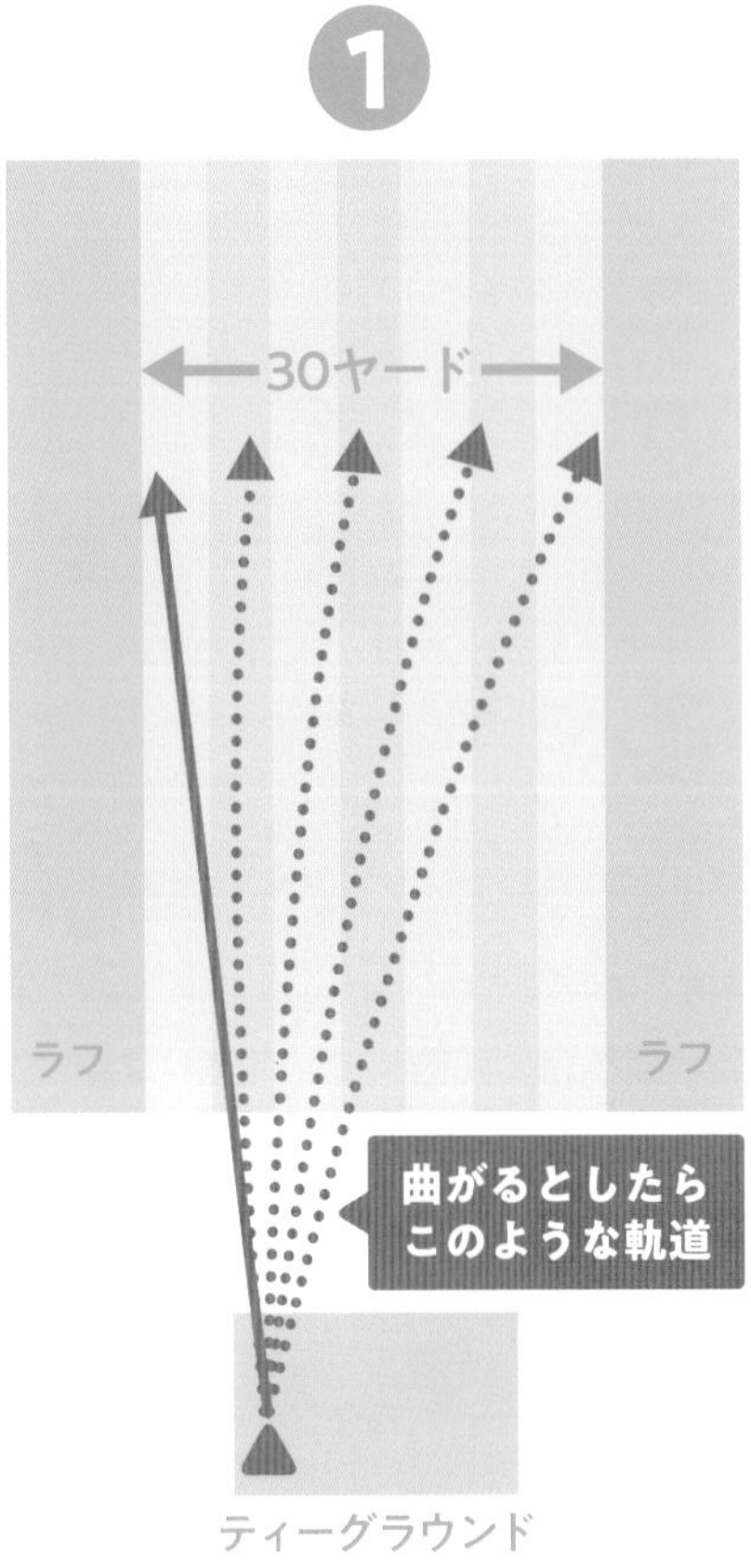

「今日は全部右（左）に曲がっちゃう」ということ、皆さんにも経験があると思います。そういう時、一生懸命曲がりを直そうとしますよね。

でも、「全部」曲がるなら、直さなくていいんです！ もし100％どちらかに曲がるなら、どちらに曲がるかわからないストレート狙いのショットより、計算がしやすいと思いませんか？

絶対に右に曲がるとわかっているなら、最初からフェアウェイの左側を狙って打ちましょう。この時、❶のようにティーグラウンドの左端からフェアウェイの左端を狙って真っ直ぐ打てば、右方向30ヤードまでは曲がりが許されますね。

ここで更にティーグラウンドの右端からフェアウェイの左端、対角線を狙って打てば、❷のような軌道で

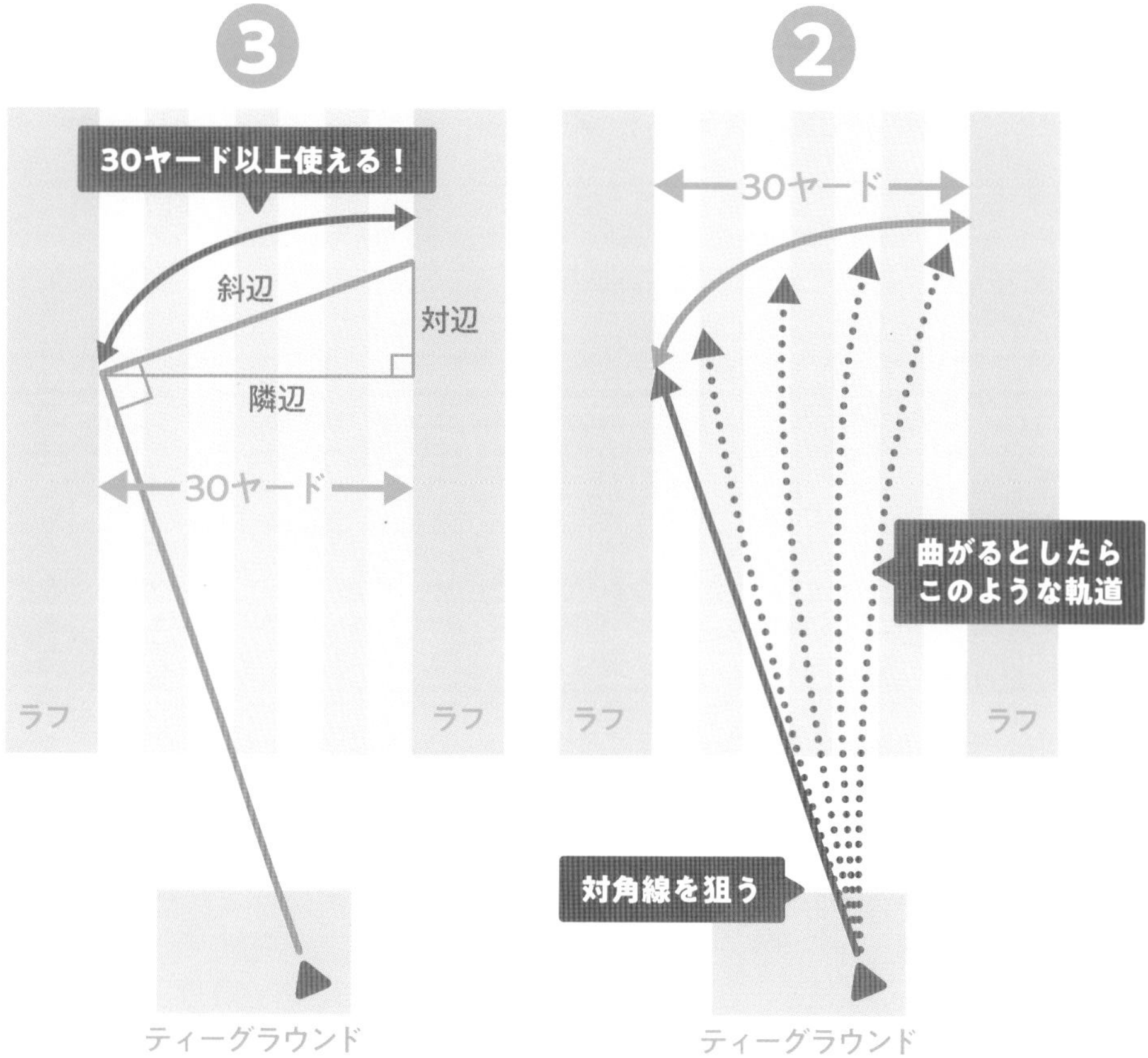
3
30ヤード以上使える！
斜辺
対辺
隣辺
30ヤード
ラフ
ラフ
ティーグラウンド
2
30ヤード
曲がるとしたら
このような軌道
対角線を狙う
ラフ
ラフ
ティーグラウンド

ボールは曲がります。そうすると、❶で許されるのは隣辺（30ヤード）分までの曲がりでしたが、❸では直角三角形の理論で斜辺分（30ヤード以上）の曲がりまで許されるのです。

ゴルフのスコアを伸ばすには、いかに狙った所へボールを落とせるかが大事なポイントになります。たとえ模範的なスイングだったとしても、狙った所へ打てないのであれば、それはただの「スイングが綺麗な人」です。

真っ直ぐに打ちたい、いいスイングで打ちたいとスイングの形をあれこれいじるより、気持ち良く振って自分の球が曲がるなら、その曲がりを極めてください。

思い描いた場所に思い描いた球筋で飛ばすことが出来れば、スコアメイクに大きく繋がりますよ。

コースで陥りやすいアドレスのミス

コラム・10

フェアウェイキープ率を上げるためには球の曲がり方をどちらか一方に決め、もしスライスなら最初から左側や左ラフを狙っていけばフェアウェイを広く使える、というお話をしましたね。

その際、スタンス、ボール位置を「そっくりそのまま左（右）に向ける」よう注意しましょう。ありがちなのが、スタンスは左に合わせたのに、ボールをフェアウェイに対して真っ直ぐ置いてしまうこと。これでは、ボール位置が自分の左カカト線上でなく、中央〜右足側に寄ってしまい、結果フェースが開いて、プッシュスライスが出てしまいます（下図）。

また、最初から右や左を狙おうと思った時に多いのが「向きすぎてしまうこと」。スタンスラインを目標に向けて構えてしまう人をよく見かけますが、繋ぐべきはボール位置と目標です。

スタンスラインを目標に向けると、フェース面はどこを向くでしょう？　目標よりもかなり右を向いていませんか？　右を向いて構えたのに想定よりも右に飛んでしまった経験がある方は、足元を目標に向けてしまい、フェースが目標よりもかなり右に向いていたのかもしれません。

ボールは飛距離が伸びる程大きく曲がります。どちらかを向いてスタンスを取るなら「ほんの少し」でいいんですよ。

OK!
NG
ボールもスタンスも、
全てを丸ごと傾ける！

3

球の曲がる原理と法則を理解する

飛球の法則を理解すれば球を操れる

フェアウェイキープ率を高めるためには球を曲げて狙うことが重要とお話をしてきました。しかし、ゴルファーの多くは「球を曲げて狙うことは難しい」と考えているのではないでしょうか。

それは、そもそもどうして球が曲がるのか、どのように打てばどちらに曲がるのか、球の曲がる原理「飛球の法則」を理解出来ていないからです。

原理を理解すれば誰でも簡単に球を曲げて狙っていくことが出来ます。球の曲がる原理や法則を正しく理解し、球を操れるようになりましょう。

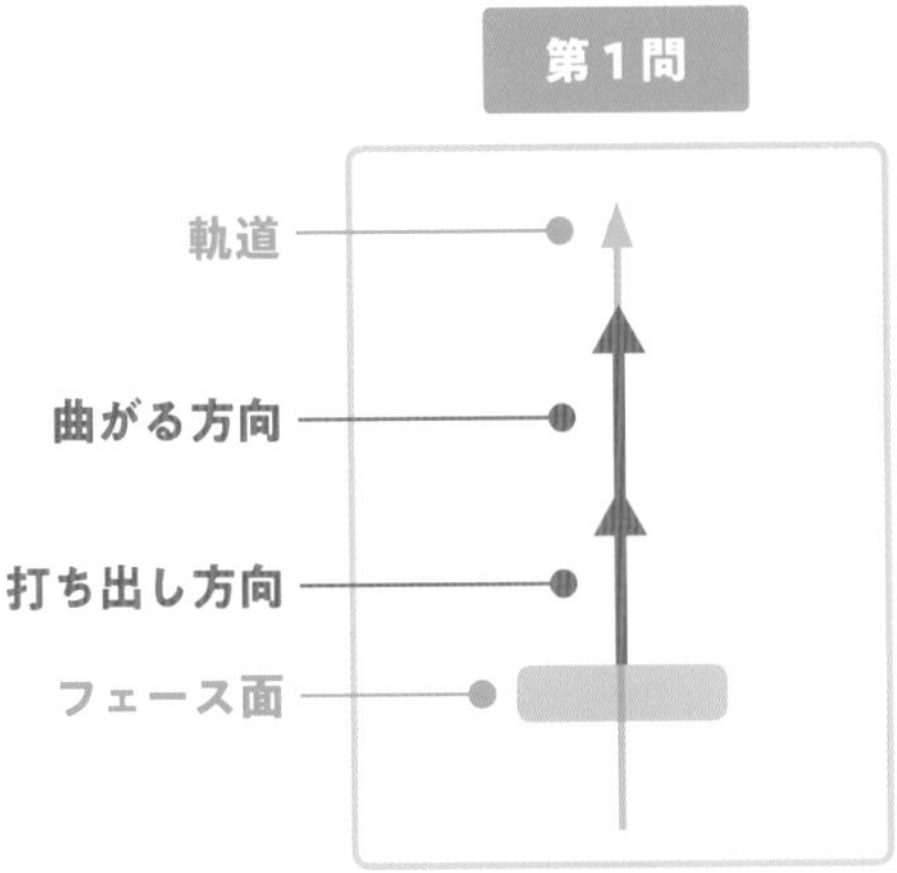
第1問
軌道
曲がる方向
打ち出し方向
フェース面

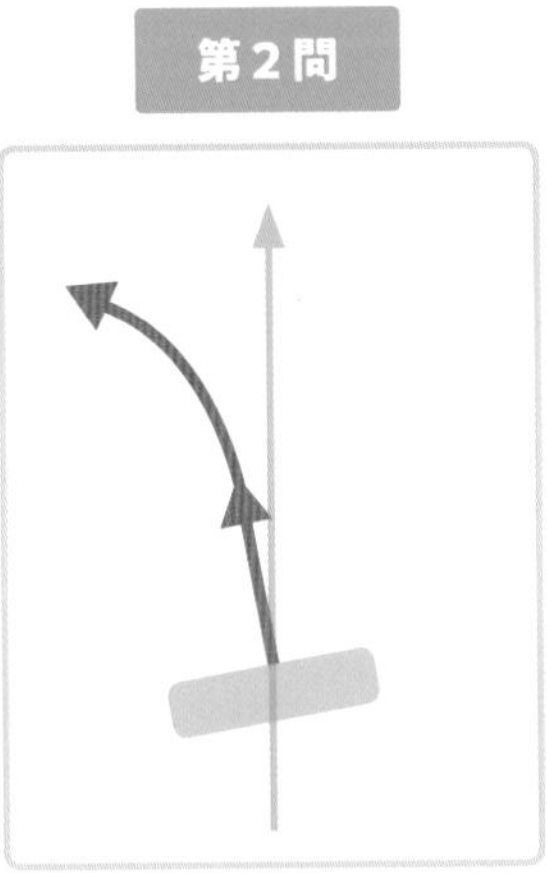
第2問

01

新・飛球の法則
球の曲がる原理と法則

もっと詳しく！
動画解説

206頁でフェアウェイキープ率を上げるためにはどちらか一方に曲がりの方向を決めましょう、というお話をしました。そのためには、どう打ったらどう曲がるかという、飛球の法則を知ることが大切です。

それに関して、日本で長年スタンダードだった法則と、アメリカで高性能カメラを使い検証された最新版の法則が違っていることを皆さんはご存じですか？　もしかしたら皆さんの知っている飛球の法則とは違うかもしれません。是非ご覧ください。

まずは第1問。軌道が真っ直ぐ、フェース面も真っ直ぐ当たった場合、球はどのように飛ぶでしょう？

……簡単ですね。答えは「真っ直ぐ飛び出し、真っ直ぐ飛んでいく」です。

次に第2問。軌道は真っ直ぐ、フェースが左向きで当たった場合は？

多いのは「飛び出しが（軌道と同じ）真っ直ぐで、その後（フェース面が向いていた）左側に曲がる」という答えでしょうか。でも実はこれ「飛び出しは左、その後左に曲がる」が正解なんです。

何百人という被験者のフェース面と軌道をチェックした際、ボールは必ず、当たった瞬間のフェース面の方向に飛んでいくことが証明されました。そして飛び出した後どちらに曲がるかは、軌道に対してフェース面がかぶっていたらフック回転が、開いていたらスライス回転がかかることがわかっています。

第2問を見てみると、フェースが軌道に対してかぶっていますね。ですから、飛び出しは左、その後曲がるのも左となります。

最後に第3問。軌道が右に曲がった、俗に言うインサイドアウトの軌道です。でもフェース面はスタンスに対して真っ直ぐでした。この場合はどうでしょう？

軌道が右に向いているため「右に飛び出す」と思う方が多いかもしれませんが、答えは「真っ直ぐ飛び出して、左に曲がる」です。

飛び出しの真っ直ぐまでは単純な話なのでおわかりだと思いますが、なぜその後左に曲がるのか？　軌道が斜めになっているからわかりにくくなっていますが、斜めになっている軌道を真っ直ぐになるよう傾けてみましょう。軌道に対してフェース面がかぶっていますね。形としては第2問と全く同じになります。ですから、真っ直ぐに飛び出した後左に曲がっていくのです。

いかがでしょう？　ポイントは2つ。「フェース面の方向にボールは飛び出す」、そして「スピンの向きは軌道よりかぶっていたらフック回転、開いていればスライス回転となる」、この2つだけです。

実は私も米国のティーチングプロ協会（ＵＳＧＴＦ）で学ぶまでは、この原理を正しく理解出来ていませんでした。理解しているようで、何となくフィーリングで打っていたのです。

最新の飛球の法則を理解して、打ちたい球の参考にしてください。次頁に法則一覧を掲載します。

第3問

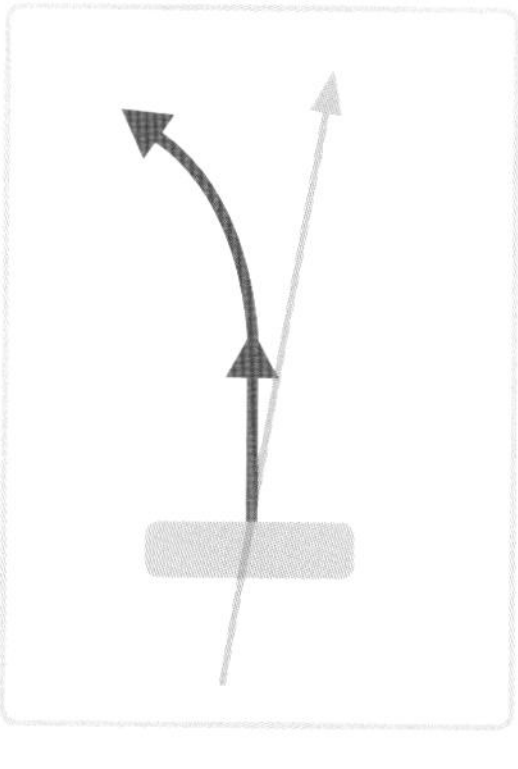

02
新・飛球の法則一覧

球の飛び出す方向

フェース面の向き

球の曲がる方向

軌道よりもフェース面が
開いていたらスライス回転
閉じていたらフック回転

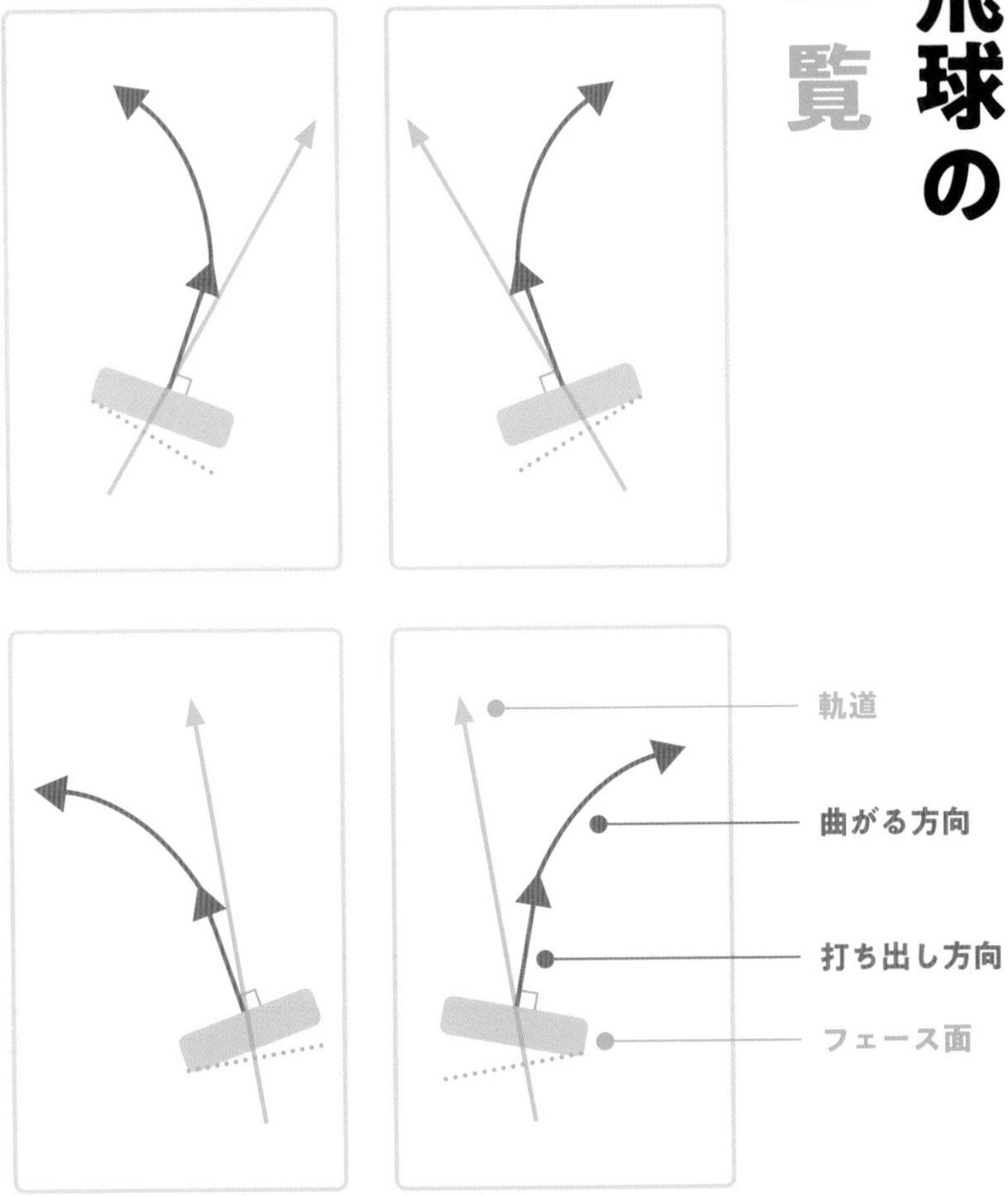

ステップ1
ヘッドスピードを上げる原理を理解する
ステップ2
ミート率を上げるゴルフスイングを構築
ステップ3
ナイスショットを打つための知識と練習方法

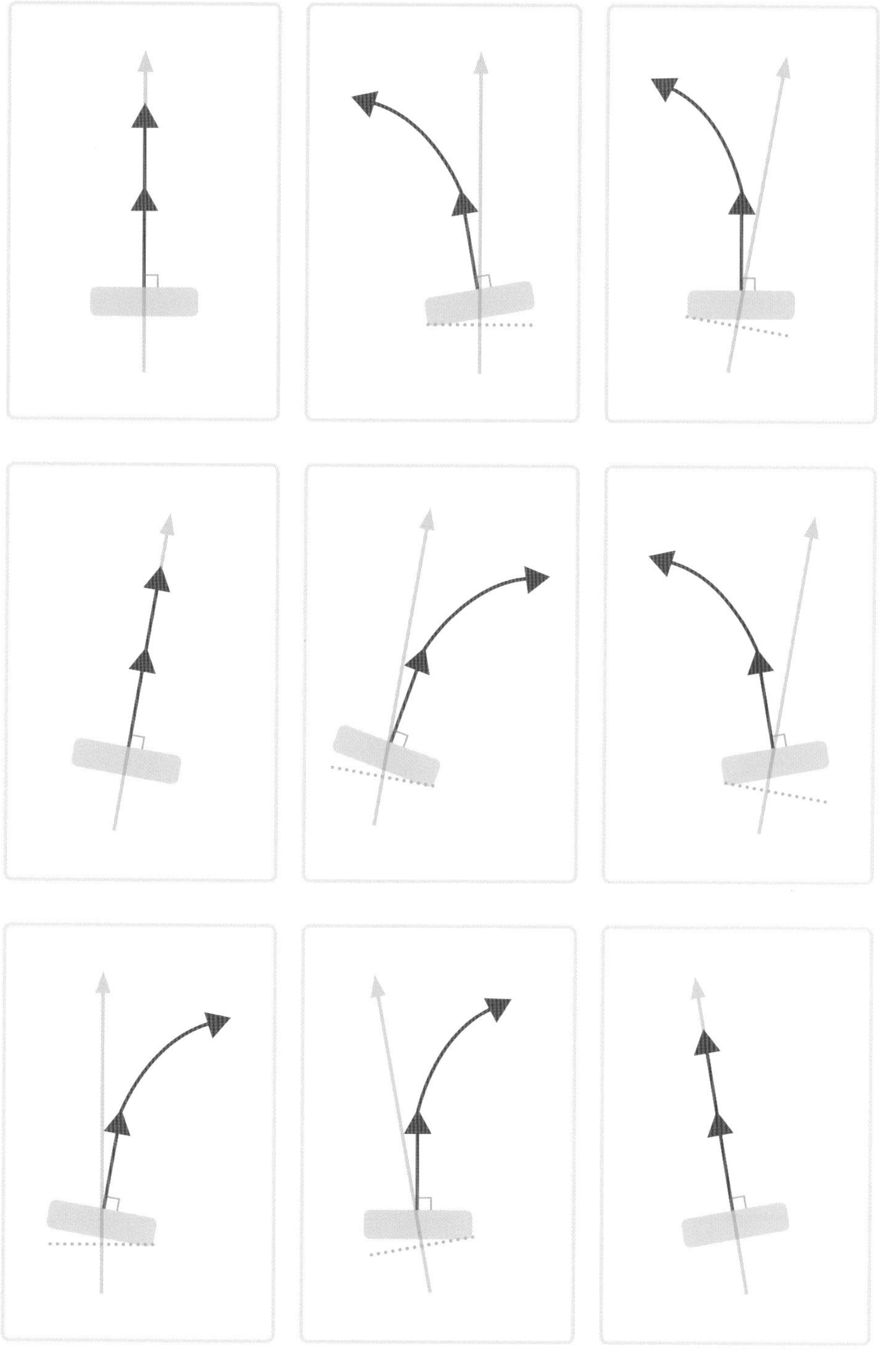

ドローボールの真実

コラム・11

右に打ち出して左に戻るドローボールを打ちたい方、結構多いと思います。

そのためにはフェース面を右に開いた状態で当て、開いたフェース面より軌道がインサイドアウトになるよう振る必要があります。つまり、かなり極端にインサイドアウトに振らないといけないのです。なんだか難しいですよね。私としても、このやり方はおすすめしません。

なぜなら「フェース面を右に押し出す」意識を持つと、軌道よりも更にフェースが開くリスクがあるからです。

フック回転の球を打ちたい場合は軌道よりもフェースをかぶせてインパクトする意識を持てばいいのですが、この場合はフェースを開かなくてはいけないので真逆の意識になります。だから難しいということもありますし、開く意識を持って万が一軌道よりもフェースが開いてしまったら、逆球のスライスや右プッシュが出てしまうリスクもあるのです。

そこで一番簡単な方法は、真っ直ぐ振ってフェース面をちょっとかぶせて当てること。そうすると、ちょっと左に出たあと左に曲がる球が出ます。インパクトでフェースをかぶせる意識を持てるので、逆球が出る確率を減らすことが出来ます。

もうひとつは少しだけインサイドアウトに振ってフェース面を真っ直ぐ当てること。真っ直ぐ出て、左に曲がる球になります。

この2つはどちらも右には飛び出しません。多くの方が「右に飛び出さず左に曲がる球」をミスショットだと思い嫌がりますが、実はこれでいいのです。

206頁で対角線に狙えばフェアウェイは広く使えるというお話をしました。ですから、この2つの打ち方で右のラフを狙えばいいのです。同伴者から見れば、右に飛び出して戻ってくるドローボールを打っているように見えますよ。

4

飛距離アップにはギアの知識も必要

シャフトを変えるだけで 15 ヤードアップ !?

ここまで、様々な角度から飛距離アップ、ゴルフ力アップのためにゴルフを分析してきました。そして最後は「ギア」です。道具そのものにも目を向けてみましょう。自身のスイングとギアが噛み合うと、よりパフォーマンスが向上します。

実はほとんどのゴルファーが自分に合ったスペックのクラブを使えていないことで飛距離を大幅に損してしまっているのです。

ギアを変えるだけで 10 ~ 20 ヤード飛距離が伸びることも珍しくありません。是非自分にあったギア選びの参考にしてみてください！

01 飛ぶシャフトと飛ばないシャフトの違い

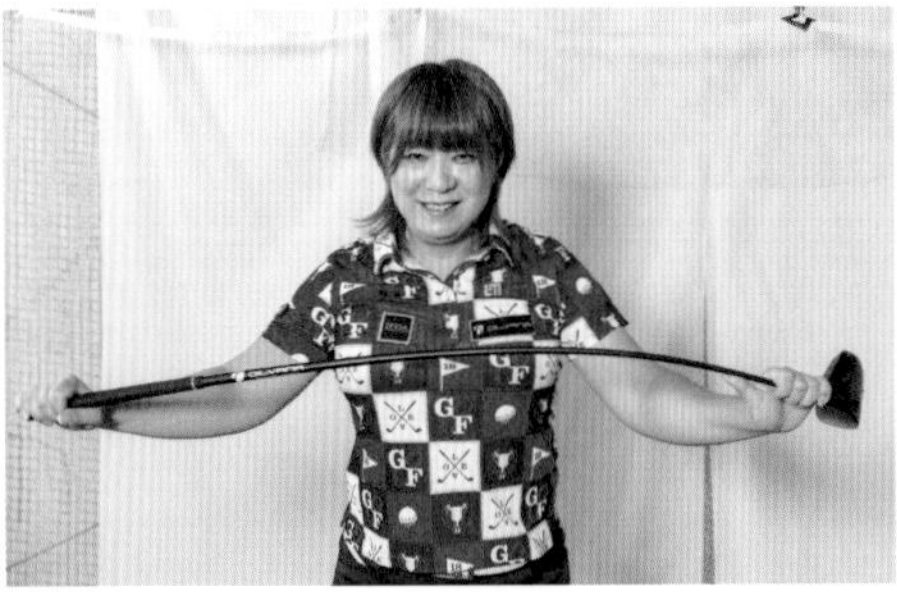

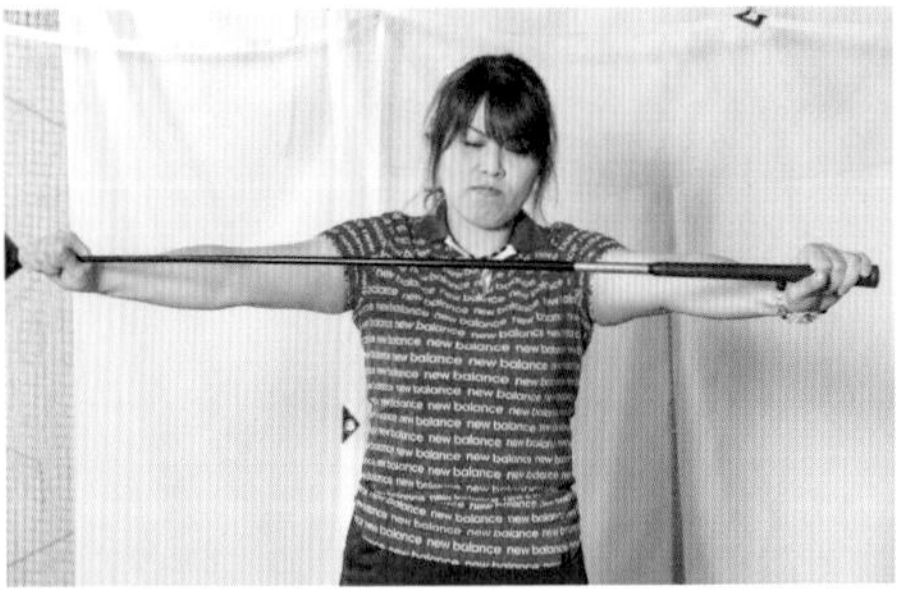

シャフトによってしなりの力は様々。自分のヘッドスピードでしならせることが出来る柔らかさの中で、1番硬いシャフトを選ぶといいです。

ゴルフ業界では「初心者の頃はRシャフト、ある程度上達したらSシャフトを使う」という文化が何となく根付いてしまっていますが、皆さんはご自身のシャフトをしっかり「しならせ」られていますか？

実は今、ドラコンの男子トッププロでも（一昔前はツアープロよりずっと硬いシャフトを使っていた時代もありますが）、RやSRシャフトを使っている人は大勢います。

パワーもヘッドスピードもとんでもないドラコンプロがRシャフトをちょうどいいしなりで使える、と言っているくらいです。ヘッドスピード50m/s以下の一般ゴルファーの方にSシャフトは硬すぎると思いませんか？

70頁でも触れましたが、シャフト

しなりが強くなれば「しなり戻り」の力も強くなります。ただし、柔らかすぎると、よくしなっていても当たる力が弱く、スピン量も増えてしまいます。

のしなりを使うことで飛距離はより伸びます。それなら、自分が「しならせられる」硬さのシャフトを選択すべきです。

では単純に、柔らかければそれだけしならせられるのか、LやAシャフトのほうが飛ぶのかという質問を受けるのですが、そうなると今度はただ柔らかくしなるだけで戻ってくる力が十分ではありません。

イメージしてみてください。柔らかい下地きを手でグイッと曲げて、それから離す。その時の下敷きの戻る力と、同じようにプラスチック定規を曲げて離した時の戻る力、どちらが強いでしょう?

これと同じで、ただ柔らかくしなればいいのではなく、大きくしなって高速で戻ってくるようなシャフトがいいのです。

総合すると、ご自身がしならせられるシャフトの柔らかさの中で「一番硬いもの」を選ぶと、しなりの力を最大限に使えます。

シャフトの硬さについて、あまり考えず、手に入れやすい物を使っている方もいらっしゃるかもしれません。また、シャフトを変える「リシャフト」をされている方も多くはないでしょう。

自身のヘッドスピードを知り、自分に合ったシャフトを選ぶことで、飛距離はもっと伸びる可能性があります。

ご自身に合ったシャフトはどんなものか、是非考えてみてください。

02

ツアープロとドラコンプロが選ぶギアの違いとは？

もっと詳しく！

動画解説

　ドラコンプロとツアープロが選ぶギアの違い、それはずばり「シャフトが仕事をするか、しないか」です。

　ツアープロもの凄い飛距離を出しますが、それは彼らがアスリートの身体作りをしているからで、実はツアープロはクラブに飛距離を求めているわけではありません。

　例えば10ヤード余分に飛ばせるクラブがあったとしても、それによって思い描いた球が打てないのであれば、そのクラブを採用することはないでしょう。

　点で狙わないと戦えない世界です。このホールは低いフェードで、ここは高いドローで、と球を打ち分けて戦っていきます。

　つまり、自分の狙い通りの球を出

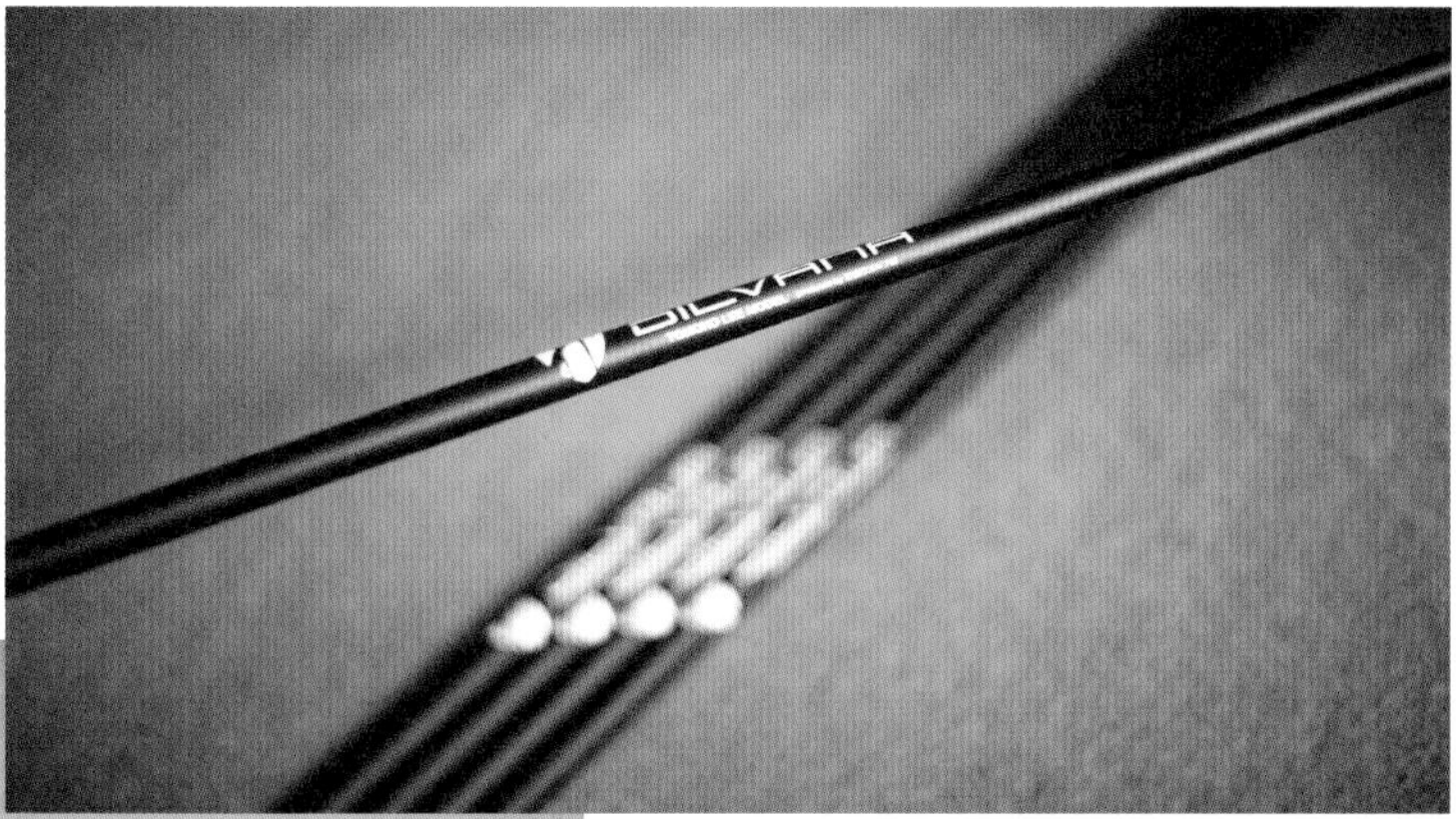

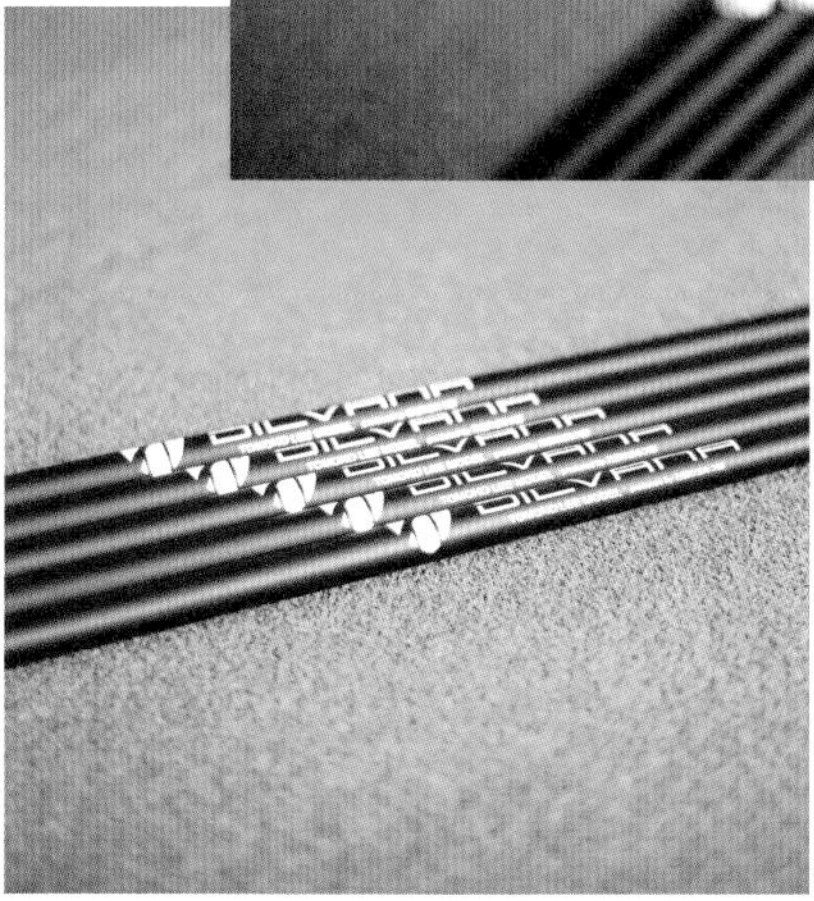

せるクラブがツアープロにとっては良いクラブなのです。

対してドラコンプロは、とにかく飛ばさないと勝てない世界です。ホール毎に打ち分ける必要はなく、フェアウェイに入りさえすれば、あとはとにかく「どれだけ飛ぶか」が勝負。自分の力、スイングの力、シャフト自身のしなり戻りの力、全てを使って1ヤードでも遠くに飛ばします。

ですからシャフト自身にも、しなって戻って、と仕事をしてもらえるものを選びます。

皆さんも是非「自分のニーズに合うのはどちらのクラブだろう」と考えてみてください。

球を打ち分けて点で狙っていきたいのであれば、ツアープロのクラブを真似したほうがニーズに合うでしょう。

そこまで打ち分ける必要はない、とにかく遠くに飛ばしたいんだ、ということであれば、私たちドラコンプロが使っているようなクラブを参考にするといいと思います。

「柔らかいシャフトは曲がる」は思い込み

コラム・12

これまで、飛距離を伸ばすにはシャフトの「しなり」も使うこと、そのためには自分がしならせられる柔らかさ（硬さ）のシャフトを使うといい、というお話をしてきました。

ところが、「柔らかいシャフトを使うとボールが曲がっちゃう」と思っている方が多いんですよね。「シャフトが柔らかいとボールが曲がりやすい、硬いと曲がりにくい」という話を聞いたことがある方も多いと思います。

もちろん、硬いシャフトを使っていた人が柔らかいものに変えれば、タイミングが合わず曲がることもあるでしょう。

しかし、柔らかいクラブも使い続けていけばスイングのタイミングは自ずと合っていきます。

ゴルフスイングは自分が使っているクラブに合わせて、気が付かないうちに調整されるものです。柔らかいシャフトのタイミングに慣れてくると、今度は逆に硬いシャフトを使うと最初はタイミングが合わなくて曲がったりします。

曲がる理由はシャフトが柔らかいからではありません。柔らかいから曲がる、硬いから曲がらないというのは、思い込みなんですよ。

私自身はずっと柔らかいシャフトを使っていますが、2018年プロドラコンツアーの年間フェアウェイキープ率が70％を超えています。ドラコンなので当然万振りしますが、それでもツアープロのフェアウェイキープ率と同等です。柔らかいシャフトだから曲がるわけではない、という実証になっていますよね。

JPDAプロドラコンツアーとは？

「ドラコン」というと、とにかく遠くに飛ばして1発の飛距離を競う競技だと思われている方も多いと思いますが、実は私が全国を転戦してきたJPDAのプロドラコンツアーには2種類の種目が存在します。アキュラシードライブとロングドライブです。

●アキュラシードライブ
持ち玉6球の中で、有効計測距離以上かつ有効計測幅にボールを静止させた上位3球の平均飛距離が記録となります。

●ロングドライブ
持ち玉6球の中で、有効計測距離以上かつ有効計測幅にボールが着弾・静止した最も飛距離が出ている1球が記録となります。

皆さんがイメージされているドラコンはロングドライブだと思いますが、実はプロドラコンツアーのメイン種目はアキュラシードライブなのです。

そして、アキュラシードライブの場合、例えば有効計測幅※に300ヤードショットを2球入れられたとしても、250ヤードで3球を幅に入れることが出来た選手がいると、その選手の勝ちになります。

まずは、3球を枠に入れた選手の中で平均飛距離を元に順位をつけて、その後に2球の選手の中で順位をつけます。

要するに、3球を枠に入れないことには、いくら飛ばしても上位になれないルールなのです。

まさに、飛距離と方向性の両方を兼ね備えたドライバーショットのエキスパートを決める「ゴルフにつながるドラコン」と言えますね。

※有効計測幅は大会によって異なりますが、現在はフェアウェイ幅が基本となっています。以前は15ヤード幅でした。

おわりに

皆様はドラコンプロという存在をご存じでしたか？

おそらく、ほとんどの方が知らなかったと思います。

それくらいドラコンプロという存在はゴルフ業界でもマイナーで、まだまだ世の中に知れ渡っていない存在です。

そんなドラコンプロである私が、このように書籍を出版させていただけるとは本当に夢のような話で、この機会をくださった多くの皆様に感謝しています。

日本においてのドラコンプロ第一人者である安楽拓也プロが、ドラコンプロという道を作ってくださいました。そして、安楽プロの弟子であり私の師匠であるドラコン協会会長の松谷伸次プロが、安楽プロの作った道の周りに街を作るかのように、ドラコンプロが食べていける環境を作ってくださいました。本当に感謝です。

全く無名のレッスンプロだった私が、ドラコンと出会ったことで人生が変わり、次々に夢を叶えることが出来ました。

「ゴルフフェアで公開レッスンをやってみたい」「ゴルフ雑誌に出てみたい」「テレビのゴルフ番組に出てみたい」「プロとして試合に出てギャラリーの前で打ちたい」「ゴルフメーカー様の契約プロになってみたい」「自分のゴルフブランドを立ち上げたい」「自分のゴルフスクールを持ちたい」

これらの夢が全て、ドラコンと出会ったことで実現出来ました。

そして、「自分のレッスン本を出版したい」という、レッスンプロとしての悲願も達成することが出来ました。まさに自分でもドラコンドリームだと思っています。

ゴルフは一般的には「遊び」です。その遊びを教えてさしあげたり、一緒に遊んだり、遊んでいる姿を見せることで収入を得られる私達プロは本当に幸せです。

全てのゴルファーの皆様に感謝しつつ、その恩返しが出来るように、これからも私は全国ゴルファーの皆様の飛距離アップをお手伝いさせていただきたいと思っています。

この本が、皆様の飛距離アップに繋がり、ゴルフライフをより楽しいものに変えるきっかけになれば幸いです。

そして、私が世に出ることが出来たのは「ＹｏｕＴｕｂｅ万振りゴルフ部」をご覧になってくださっている皆様の応援のおかげです。本当にありがとうございました。

また、今の万振りゴルフ部があるのは、開設より苦楽を共にしてきたメンバーの岡田美由紀プロ（みゆきちゃん）と中村竜一プロ（りゅうちゃん）の支えがあったからです。二人の存在がなければ間違いなく、今の私はありません。周りから何を言われても、ずっと信じてついてきてくれた二人には感謝しかありません。２０２０年６月からメンバーに加入し、私の弟子になってくれた伊佐治こずえプロ（こずえちゃん）や小山貴代美プロ（コヤミー）も万振りゴルフ部を盛り上げるために、日々力を貸してくれています。二人の仲間が増えたことも本当に嬉しく、感謝しています。

そして、万振りゴルフ部に快くレッスン会場や撮影場所をご提供してくださったＧＯＬＦ生活様、オリムピック・カントリークラブ　レイクつぶらだコース様、私がツアーを転戦するにあたりご支援くださった天王洲ゴルフ倶楽部様、エスティバンゴルフ株式会社様、サプリメントでご支援くださっている株式会社Ｓ・Ｓ・Ｉ様、本当にありがとうございました。

とにかく皆様に感謝の気持ちでいっぱいです!!

最後に出版のチャンスをくださった旺史社の大柴様、そして本書を制作するためにご尽力くださいました熊谷様、関係者の皆様、本当にありがとうございました！

最大級の感謝の気持ちを込めて、本書をおわりとさせていただきます！

最後までお読みいただき、ありがとうございました。

李《り》朋子《ともこ》　プロフィール

JPDA プロドラコンツアーを転戦するドラコンプロでありヘッドスピードトレーナー。米国のゴルフティーチングライセンスを保有するUSGTF ティーチングプロでもある。
プロドラコンツアー 2018 レディースディビジョンで年間ポイントランキング 1 位を獲得。2018 年 12 月より YouTube「万振りゴルフ部」を開設し、全国のアマチュアゴルファーより支持を受ける。飛距離特化型ゴルフスクール「万振りゴルフ部 STUDIO」も運営し、半年先の新規予約が 1 分で満席になるなど、予約が取れないレッスンスタジオと話題になっている。

撮影：三浦雄司

ヘッドスピード50m/sを実現する3ステップ理論

2020 年 11 月 20 日　　初版発行
2023 年 7 月 10 日　　3 刷発行

著　者　李　朋子
発行者　大柴壮平
発行所　株式会社ダブドリ
〒162-0067　東京都新宿区富久町 38-15
電話（03）5312-6484　FAX（03）5312-6933
https://dabudori.com
印　刷　株式会社亨有堂印刷所
製　本　株式会社ブックアート

Printed in Japan
ISBN978-4-87119-611-6